作者简介

王俊博 男，1985年生于山东济宁。中国人民大学哲学博士，中国政法大学价值哲学方向博士后，现为北京科技大学马克思主义学院讲师。

主要从事马克思、恩格斯政治哲学与黑格尔政治哲学比较研究，近些年关注领域为公共哲学，已发表关于公共性、公共道德、公共领域的论文数篇，致力于将马克思主义哲学推进到公共哲学的研究工作。

中央高校基本科研业务费专项资金资助项目：

论马克思主义哲学视野下的公共哲学

（项目编号：FRF-TP-15-094A1）

中国马克思主义公共哲学研究

王俊博◎著

人民日报学术文库

人民日报出版社

图书在版编目（CIP）数据

中国马克思主义公共哲学研究／王俊博著 . —北京：
人民日报出版社，2017.6
ISBN 978－7－5115－4824－5

Ⅰ.①中… Ⅱ.①王… Ⅲ.①马克思主义哲学—理论
研究 Ⅳ.①B0－0

中国版本图书馆 CIP 数据核字（2017）第 178693 号

书　　名：中国马克思主义公共哲学研究
著　　者：王俊博

出 版 人：董　伟
责任编辑：刘天一
封面设计：中联学林

出版发行：人民日报出版社

社　　址：北京金台西路 2 号
邮政编码：100733
发行热线：(010) 65369527　65369846　65369509　65369510
邮购热线：(010) 65369530　65363527
编辑热线：(010) 65369844
网　　址：www. peopledailypress. com
经　　销：新华书店
印　　刷：三河市华东印刷有限公司

开　　本：710mm×1000mm　1/16
字　　数：168 千字
印　　张：14
印　　次：2017 年 10 月第 1 版　　2017 年 10 月第 1 次印刷

书　　号：ISBN 978－7－5115－4824－5
定　　价：68. 00 元

前　言

　　沃尔特·李普曼第一次明确提出 Public Philosophy（"公共哲学"）的概念。公共性成为社会的突出属性，为维护西方社会共同体，必须进行公共哲学的现代重建。约翰·杜威指出现代哲学的主要缺陷在于忽视哲学研究对于人生和社会的实际影响，所以，哲学需要在实用主义的视野得到重建，并致力于社会的公共教育。迈克尔·桑德尔吸收了实用主义的原则，对现代社会的公共事务、公共政策、公共理念进行了政治哲学的探讨。

　　社会的公共性有着连续的历史演变过程。原始社会的公共性主要体现在：以氏族为基础，氏族成员之间主要是血缘关系，个体与共同体高度统一；实行民主原则和平等原则；人类尚未形成关于自身的普遍的类意识。封建社会的公共性主要体现在：在分封制的基础上，政治上天子与诸侯共治天下；经济上天子与诸侯共有天下土地；公私不分是封建社会的文化特征。资本主义社会的公共性特征主要体现在：资本主义的生产资料来自分散的私有土地的集中，资本将分散的自由劳动力结合起来；资本主义的生产过程实现了协作，使得不同生产部门之间形成社会化生产；实现了社会的公共化。中国的传统文化的公共性特征体现在："身""家""国""天下"一体的观念；知识分子的公共情怀；注重和合而非分别，强调群中有独，独上有群，认为公起于私，私合于公。

公共领域是公共的对话平台，对社会具有批判和整合作用。公共领域主要产生自西方社会的历史和文化传统。但是，它的社会批判与建设功能可以为现代中国社会所利用，回应现代中国社会的价值多元化的问题。价值多元社会中出现了道德标准多元化的问题，导致了社会失范。私人道德用以调节私人利益、私人情谊的关系。最为重要的公共问题和公共行为由法律来规范。公共道德调节超出私人领域，具有一般公共影响而尚不需要法律的强制力予以规范的公共行为和公共问题。人的存在的公共性在于物质生产和精神生产的公共性，在于公共政治生活的根本性。这就需要构建符合人的公共性的生活方式，即构建公共文化。

中国马克思主义公共哲学是马克思主义哲学中国化的成果之一。马克思主义公共哲学强调人类的共同实践，探讨共同实践中的社会关系，并研究处理这种关系的原则。将马克思主义的基本原理与西方和中国哲学的公共性思想相结合，立足于当代社会现实，中国马克思主义公共哲学形成了自己的基本问题和观点。中国马克思主义公共哲学提出了"不同而和"的新原则，强调以实现共同富裕为根本目标，实现社会的公平正义。

目　录

CONTENTS

导　言

　　长期以来，尽管人们都认同马克思主义哲学的研究对象是社会历史，但是对于如何实现这一点，人们却莫衷一是。本文并不致力于给出马克思主义哲学研究社会历史的一种"正确"模式，而是意图指出做此类研究时容易被忽略的一个向度。对现代社会的状况的判断决定了马克思主义哲学以何种姿态关注社会现实，马克思主义公共哲学就是建立在这样的判断基础之上的，即无论是中国社会还是现代西方，其发展过程中都鲜明地突出了社会的公共属性，公共问题成为社会的主要问题，人们必须对这一属性及其问题进行研究和回应。

　　公共哲学并非马克思主义哲学研究的独创，当代西方亦有许多学者意识到了现代社会的公共性凸显的特点和公共问题越来越重要的趋势，并已提出了"公共哲学"的范畴，即 Public Philosophy。但总体来说，公共哲学的主要研究阵营在美国，它是美国战后哲学反思的产物。公共哲学正是得益于美国实用主义的当代运用，使人们把视角从抽象的形而上学领域转回到人的实际生活和社会的发展需要，为了实现哲学的实际功效，人们不得不关注对人生和社会发展有重大意义的公共现象和公共问题。可以说，对实用主义来说，公共哲学是其发展的内在逻辑的必然产物，因为实用主义所强调的"实用"是指的"人生社会之大用"，不是庸俗的"个人成功学"。沃尔特·李普曼、约翰·杜威、迈克尔·桑德尔并没有刻意建立公共视角或公共哲学方法，但是从实用主义的立场或其他的立场出发，他们都将自己的研究变成了公共哲学。

　　沃尔特·李普曼首先关注了二战之后西方传统具有公共价值的精神原则的失落，意识到传统的价值原则已无法支撑起现代的西方文明。对他来说，一个社会共同的道德标准、共同的信仰、共同的价值原则等公共精神或公共意识就是一个时代的公共哲学。重建现代社会的公共信仰、公共标准、公共原则就是重建现代的公共哲学。而约翰·杜威毋宁说就是李普曼所指出的公共哲学重建趋势中的重要人物。杜威强调现代哲学研究的病症就在于总是局限于形而上学领域，总是将哲学研究变成哲学家的私人话语，这都违背了哲学的本来品质。哲学意在给人智慧，这种智慧一则用于使人获得更好的生活，使社会进步，一则拒绝私有，强调推动人类精神的进步。可以说，关注人类面临的普遍问题，关注公共问题，保持开放、公开的特征，这应当是哲学话语的本来属性。所以杜威不仅强调了对社会公共问题的研究，而且将哲学的实际效用付诸公共教育的实践，将教育看作是实现哲学的社会功能的必经途径。实用主义视角下的公共哲学对美国后来公共哲学的发展具有重要影响，是后世公共哲学研究无法绕过的具有根本意义的话题，它的精神也得到传承。迈克尔·桑德尔作为美国当代的政治哲学学者，从政治哲学的角度进行了公共哲学的研究。他强调对于社会现实的公共问题予以研究，并从政治哲学的角度予以回应，所以他的公共哲学可以看作是"基于政治哲学的公共问题研究"。这种研究的优点在于使用政治哲学对大量新出现的社会的公共问题进行了研究，具有较强的时效性，但是其缺点也正在于此，他的研究仍然是在原来政治哲学基础上的当代运用，于政治哲学本身的研究并未推进一步，更没有提出具有独立意义的公共哲学问题。这或许正是实用主义本身的局限性：实用性有余，根本性不足。

回到马克思主义公共哲学的研究，则首先必须对公共性本身有一个概括性认识。当代社会发展的问题使人们注意到了社会的公共属性，但是现代社会的公共性并非仅是当代社会的产物，它是历史上的社会公共性逐渐发展到今天的结果。从这个视角出发，必须以总体的视角关注每一历史阶段的社会的公共性的大致特征。这就需要选取每一历史阶段有代表性的社会现象和事实，来集中探讨每一历史阶段的社会公共性的典型特征。对于原始社会来说，社会的公共性特征主要体现在人们以血缘关系为基础形成的氏族社会的组织中，它的共同体对个体的决定作用，共同体组织中的民主原则，以及共同体成员的身份归属意识都鲜明突出了公共性在社会中的重要地位。而在封建社会中，社会的公共性主要体现在以分封制为基础的一系列经济关系、政治治理和文化的特征里。分封制是集分封土地和划分国家治权为一体的制度，从经济上形成了天子与诸侯共有土地、从政治上形成了天子与诸侯共治天下的局面。尤其是分封制所造成的社会等级与官僚体系的统一性，使得社会的身份等级与官僚的权力等级高度合一，造成了私人身份压迫与公共权力治理行为的混同，常常发生以公谋私、以私侵公的情况，造成了公私不分的状况。公私不分是封建时期社会文化的突出特征。

资本主义社会虽然是以生产资料的资本主义私人占有制为基础的社会，但是资本主义社会也是一个高度公共化的社会。这首先体现在，资本作为资本主义生产的基础，就是消灭社会当中分散的、私人占有的生产资料的结果。资本是全社会公共生产的基础，只有它能组织起大规模的、集中的社会化生产，能够将分散的自由劳动力组合在一起，能够将工人变成普遍化的无产者。资本主义的生产过程最主要的特征是各生产部门、各个工人之间协作。生产变成集体活动，所有个别的生产者和生产部门也被整合到一个统一的生产过程中来。资本主义生产的第一项成就是将整个社会的所有内容都变成现实的或潜在的商品，使之都能还原为抽象价值，这种使得社会中的人、物、思想的本质的普遍丧失的结果，就是造成了社会中的一切人、物、思想都获得了普遍的共通性。这实际上为构建更高层次的公共性奠定了基础，因为从此社会发生的任何改变都将是社会内的普遍改变。

但是，现代中国社会的公共性的根脉依旧隐藏在中国的传统文化中。中国传统文化中的公共性首先体现在中国人的宇宙观与社会观的合一，即天人合一的哲学传统当中。"天下"是中国传统文化中的终极性概念，是个人、家庭和国家的最终归宿。"身""家""国""天下"固然有别，但这不是中国传统文化强调的重点。中国传统文化最为注重的是"身""家""国""天下"之间一体贯通，修身、齐家、治国、平天下是必然逻辑，天下之"公"必起于一身一家之"私"，修身、齐家必达于国治、天下平。如果国未治、天下未平，就不能看作已经真正地身修、家齐；如果不修身、齐家，国治、天下平也不可能实现。在这个基础上，就可以理解中国传统文化注重的是群己之间的和合关系，注重的是群居之中有独立，独立之上有群居，群不离孤，孤不无群。这就与西方文化有着典型区别。因此，在中国的传统文化中，社会之"公"与个人之"私"绝非对立关系，而是公包含私，私达于公的关系。

现代社会的健康发展离不开良好的纠错和调整机制，这就需要发展社会的自我批判功能。社会的自我批判功能就是社会的公共舆论功能，这主要是由社会的公共领域承担的。哈贝马斯基于西方社会的文化背景和资产阶级自由主义，探讨了当代西方社会公共领域的构建途径和主要功能，一方面反映出话语和交谈在当代社会具有越来越重要的地位，另一方面指出了民主体制对于公共权力运用的诊疗功能。现代西方和当代中国都面临着社会多元化的特征和挑战，公共领域的话语功能满足了协调多元利益和多元文化之间的矛盾的需要。同时，公共领域中的公共话语平台对公共权力的监督作用对中国的民主建设也具有启发意义。

社会的利益多元化与文化多元化终究可以概括为价值的多元化，这是当前中国所面临的实际。在社会的价值多元化中，每一种价值追求都有自身的合理性，但是不同的价值追求之间往往发生矛盾。再者，当代社会的失范已成为重要公共问题，但是道德的共同标准却随着价值的多元化而不断遭到解构。中国传统社会中的私德固然可以调节私人之间的关系，然而法律却并不能完全规范公共空间中的所有行为。有一些行为就是超出私人生活，但又无法用国家强制力予以调节的。这部分行为就应当由社会的公共道德来规范。

总起来说，人的社会性决定了人的公共性，社会性的内涵就是公共性。人的身体的生产和精神的满足分别依赖于物质生产和精神生产，这两种生产活动都是公共性的生产活动。现代社会的物质生产依靠的是人类所固有的开发自然的能力，采取的是全球范围内分工与合作的生产方式，而且每个人的消费都需要从社会总产品中获得私人消费品。社会的公共生产活动和公共产品占据着基础性地位。同样的，人类的精神生产也是公共生产，这是由于各种知识、思想本身就是人类集体的产物。精神产品的产生过程就是知识和思想在所有的人当中不断传播，并且达到普遍的接受度。而且，人的根本性的存在方式即共同体存在，人们总是组织起来并建立一定机构管理自身，而且以追求人类的普遍幸福为目的。国家的根本目标就是追求社会的进步与福利，所以国家的根本利益就是社会的公共利益，社会的公共意志就是国家意志。同时，在生产的公共性和政治的公共性基础上人们又着力构建公共文化，即形成符合当代社会公共性特点的生活方式，形成公共道德，实现公共价值。

在此基础上，构建中国马克思主义公共哲学的任务得以清晰提出。具体来说，中国马克思主义公共哲学回应的是社会主义市场经济建设中所产生的公共问题。伴随着市场经济的发展，当代中国社会也逐渐划分为公共领域与私人领域，而且个人利益之间呈现多元化趋势，如何处理这些多元利益之间的关系的问题被明确提出。这些多元利益主体之间具有主体间性，事实上构成了社会公共性的外在表现。处理这些关系就需要依据公共哲学的原则。西方的公共哲学重点强调人的本质生活是公共生活、政治生活，强调社会当中人与人之间的"共在"属性，注重以语义学关联形成的现代人际关系。而中国传统文化中的公共哲学主张"天下为公"，强调公共利益才是一切其他利益的旨归。这就意味着，当代中国社会必须在调节不同利益主体之间的关系的基础上实现其并存共赢，防止不同主体之间的相互倾轧或者社会对个体价值的压抑，强调人们在不同的利益关切中寻找共同方面、共通之处，即实现"不同而和"。中国马克思主义公共哲学能够为处理当代中国社会的利益多元化提供可资借鉴的哲学原理。

第一章

公共哲学的研究现状

一、对西方社会的反思：沃尔特·李普曼的《公共哲学》

（一）西方社会的公共问题

从学科定位上来看，公共哲学是西方文化的产物，它的产生源于西方社会的历史背景。西方社会在一战和二战之后不仅在经济、政治和军事上造成了巨大损失，而且也使得世界的思想界动荡不安，突出表现就是为人类所一直珍视的诸项价值原则——和平、民主、宽容、进步都遭到了战争的挑战甚至毁弃。这种社会背景导致了人们对战争的反思，而且也开始反思产生战争的土壤——整个现代西方社会的文化。甚至有学者将战争看成是西方社会衰落的一个征兆，沃尔特·李普曼就是其中之一。

沃尔特·李普曼在1955年第一次使用了"公共哲学"一词，即The Public Philosophy。他认为，人类世代所持有的共同观念对于人类社会的发展具有塑型作用，总体来说，一个社会中的人受到这个社会的"公共善"的观念的引导。公共善主要来自于由家庭、学校或社区所进行的公共教育。公共教育塑造了每一个社会成员或阶级成员的品格，他们由此而学习到希求什么、必须要做什么。每个人

的个性都是经验和社会教育的产物。① 每个人都受到公共教育由内
到外的塑造。这种塑造的过程显示了公共的观念转化为个人灵魂的
内在信念的过程，也显示了个人的内在信念并非仅是私人的事情。
当社会中的个人性格和思维与行为模式表现出一定的普遍性时，本
属私人修养的问题也会转化为公共问题。

　　世界战争从总体上摧毁了西方社会的精神生活。李普曼用"西
方的衰落"来形容战后西方社会，对他来说，经过一战和二战的西
方被摧毁的不仅仅是伟大的物质成就，更主要的是西方古典的公共
精神。在古希腊社会时，西方就形成了饱含民主精神的公共哲学与
政治艺术，只是现代西方已经丧失了良善社会、自由民主的文明传
统。人们对西方的文明进行了反思。西方一直以来引以为傲的科学
技术的发展为什么导致了人类文明的毁灭？而且哲学、宗教的繁盛
为何带来的是对其他国家和民族的侵略与奴役？本来强调是以平等、
自由为自身社会发展的最高原则，为什么又会采用战争这种最野蛮
的方式来解决问题？这些问题深深挑战着一切对西方社会文化抱有
优越感的人群。

　　伴随着这些富有挑战性的质疑，资本主义社会内部也发生了蜕
变。民主政府也产生了腐败，伴随着经济发展和战争的需要，政府
加剧了对民众的盘剥，甚至将一些民众打入了近乎贫困的境地。资
本家不再只是社会财富的成功占有者，他本身也是压迫者和剥削者，
社会的贫富差距进一步加大。而且，战后失业人口加剧，失业问题
关乎每一个人的生存问题，结果个人的生存问题也变成了社会的公
共问题。正是由于民众的生活处境极为艰难，资产阶级在战争中的
剥削本性随之暴露无遗，所以战后一段时间之内，相当多的资本主

---

　　①　Walter Lippmann. 1955. The Public Philosophy. the Atlantic Monthly Press：93 - 94。

义国家之中都发生了民众的革命性运动，共产主义和民族主义也在这个时期风靡世界。人们怀有极大的改变现存秩序的冲动，并且对在生产资料的资本主义私人占有制基础上形成的社会秩序极为不满，提出了改革私有制、建立公有制的呼求。

此时的转型不再是对制度转型的简单需求，而是包括了对科技转型的需求。战争当然对物质文明和精神文明都造成了毁灭性的打击，但是它仍然有自身的积极作用，即最大限度地推动了科学技术研究的发展。在战争中被用于制造武器的先进技术在战后迅速转向民用，在这方面，美国、日本、德国都是典范。可以说，发达资本主义国家的科技优势在相当大的程度上是在二战后的短时间内奠定起来的。人类科技文明的巨大发展改变了人的生活方式，从而这也是推动人的生活方式和文化模式从传统向现代转型的根本动力。伴随着越来越多的新的交流和交通运输方式、新的生产工具，使得人们的生活资料和生产资料领域渐渐丰富起来。

渐渐丰富起来的物质财富使得人们的选择增多，更加受到感性欲望的驱使，同时也产生了更多的文化观念。社会由此产生了诸种多元化趋势，例如艺术的多元化、生活方式的多元化、价值追求的多元化等，尤其重要的是信仰的多元化。① 信仰对人的言语和行为有着决定性的影响，而且由于这些多元化的信仰之间往往并不相容，就导致了人们的言语和行为之间发生了许多矛盾。生活、艺术欣赏、价值目标、宗教信仰不再仅仅关乎个人风格，它是当时整个西方所面临的公共现象、公共话题。而当时的西方社会的关键问题是如何将现代与传统勾连起来。现代的工业革命完全瓦解了传统的经济基础，也瓦解了建立在农业和简单工场手工业基础上的生活方式，那

① Walter Lippmann. 1955. The Public Philosophy. the Atlantic Monthly Press：96。

种因为农业和手工业的自然分工而形成的古典形式的共同体也逐渐解体，这就导致了古典社会的公共性在现代社会的失落，也直接导致了古典公共哲学在当时的衰落。

（二）古典公共哲学的衰落

战争所带来的西方社会的经济方式和政治体制的改革，生活方式、文化信仰和价值原则的解构造成的是欧洲原有公共哲学的衰落。公共哲学的缺席造成了社会公共意识场域中的巨大真空。欧洲的公共哲学是关于西方社会文明的哲学①，一般来说具有其地域文化的特殊性。明确说来，公共哲学就是对诸如普遍选举、多数原则、言论自由、忠诚和志愿者团体等这类公共问题的哲学看法。整个欧洲的思想发展都建立在这一观念之上：人类理性能够发展出普遍适用的共同的规则。从最普遍的意义上来说，人们不应彼此分离，属于不同的国家和民族，受到不同的正义原则体系的统治，他们应该作为同样的公民，而且只应当有一种普遍适用的秩序，受到一种法律的统治。至少对于不同的文化来说，善、恶观念是普适的。这是因为人皆是社会生物，必然受到社会的普遍规律的制约。

正是由于社会性是人的第二天性，所以它可以作为人类共同的公共生活的基础。第二天性形成于他所生存于其中的社会环境中，受制于社会的价值指向。第二天性指导一个人在良善社会中如何展开家庭生活等。第二天性凌驾于自然本能之上，统治自然本能，而且在长久的生活中，社会性的价值选择和属性会演变为习俗和惯例，进而内化为每一个人的心灵秩序与自主选择。② 人类历史是公共生活与私人生活不断穿插、接续的历史，而历史传统则被视为共同体

---

① Walter Lippmann. 1955. The Public Philosophy. the Atlantic Monthly Press：101。

② Walter Lippmann. 1955. The Public Philosophy. the Atlantic Monthly Press：137。

持存的原因。在这里，共同体的持存就在于后代人不断继承前代人的志愿，完成前代人所开启的事业。① 所以，一旦文明的传统发生断裂，共同体的持存就会受到威胁。② 任何新的一代都是经过尝试和犯错，对已有的存在与认识进行重新发现、发明和学习，才得以发展的。所以，只有更好地保存传统，社会才会有较大的进步。③在公民社会中，社会的规则、价值超越于个人的主观意愿与价值取向。当这些超越性的规则和价值原则达到一定程度之后，就会形成社会性的公共哲学。

只有在社会上形成了较为统一的公共哲学，才能保证共同体不致解体。一个庞大的多元化社会，如果不能认识到超越所有多元利益之上有一种最高共同法则所标示出的理性秩序，这个社会就无法实现治理。这一共同法则是天然的，可以为一切有理性的头脑所发现，而并非由任意和专断力量所制定。否则，利益之间彼此竞争的人们就无法在自由与和平中共处了，这一点在罗马法的精神中得到体现。信仰、观念和利益之间的多样化越是加剧，社会对于共同标准和共同规则的需求就越为强烈。多元化根源于工业化和大众普遍的解放与个体自治。随着大众逐渐从社会权威中解放出来，社会逐渐形成了公共的、普遍的、客观的真假对错的标准。从传统的社会权威中得到解放的过程，也是社会文化渐趋多元化和碎片化的过程。

社会文化解体的过程导致同一的价值目标的丧失，从而使得人们更加相信自我的感觉，退回到私人的思维体验领域去生活。这种与公共生活相脱离的状况导致了现代性焦虑和孤独，人们再也受不到公共的和政治的影响。公共秩序只是保障了外在安全，个人与私

---

① Walter Lippmann. 1955. The Public Philosophy. the Atlantic Monthly Press：137。
② Walter Lippmann. 1955. The Public Philosophy. the Atlantic Monthly Press：136。
③ Walter Lippmann. 1955. The Public Philosophy. the Atlantic Monthly Press：136。

人的内在事务的安全感却始终是缺位的。① 自由也正是焦虑的原因，这是旧社会解体的必经过程。人们只被许诺了会拥有更好的生活，但却没有准备好应对个体中心主义所带来的孤独与相互隔离。他们在经验中失去了方向感，体会着现实与灵魂之间的断裂，变成了孤独的群居者。但是，人们无法忍受公共联系和共同信念的丧失，在这个自由民主的社会中，他们却莫衷一是。这也就是涂尔干所说的"原子化大众"。② 他们是社会的产物，却在社会中无处可居；他们除了身体在公共空间中的物质存在，就再无归处。现代的人们消融在"无名大众"中，因为他们丧失了天然原初的世界，是无根无源的存在。现代人的生活毫无信仰和信念可依凭，他们成为无根化的存在。但是，个人之根只能是共同体。

一个共同体的存在必须要依赖公共哲学，这一公共哲学超越于政权统治，是共同体道德原则的根基。文明也正是从这一原则中孕育。③ 西方社会的公共哲学一般包含三种要素：自由、平等和兄弟友爱，这三种要素形塑了欧洲的社会发展史。公共哲学可以看作是关于人的自然权利的一系列观念，包括作为公民自由地定居在国家中，自由地交流想法与观点，法律面前人人平等，社会成员收入分配公平，最终是突破国界的友爱关系。这就可以看作是公共哲学超越古典形态在更高层面上的整体复归。

综上所述，古典公共哲学的衰落所带来的必然任务就是构建现代的公共哲学。当然，要使得失落的传统复归，并不能仅仅依靠阅读亚里士多德等经典著作，因为经典并没有关于现代社会所面临的

---

① Walter Lippmann. 1955. The Public Philosophy. the Atlantic Monthly Press：110。

② Walter Lippmann. 1955. The Public Philosophy. the Atlantic Monthly Press：111 - 112。

③ Walter Lippmann. 1955. The Public Philosophy. the Atlantic Monthly Press：97。

具体问题的解答。对于现代社会来说，古典传统中的一切都是陌生的，而它所探讨的实践也是早已被遗忘的话题，再用这些概念、范畴、观念来探讨公共政策的实践议题显然已经过时。它们只能提供一些作为古代回响的智慧，这是由于历史的发展虽不相同，但总有相似之处。

（三）现代公共哲学的重建

重建公共哲学的目的是为了治疗现代社会失范所导致的无信仰，这要求我们更新作为政治和道德原则的来源的那些信念。一般认为，不存在能够凌驾于所有大众的真假对错的公共标准，但是，在一个自由的社会中，却存在着将所有人联结起来的确定责任和义务。①然而，这种义务却很难用政府命令或大多数人的意见来明确，因为政府的命令或公众意志总是缺乏能够为人们理性所信服的品质，历史上充满了政治谎言和多数人的暴政。要想在现代社会的境况中找到关于良善社会的原则，就必须重新发现这个时代的公共哲学，并使之进入公共学术领域和社会政策层面得以重建。公共哲学必须在开放的氛围中得到充分探讨，而且所形成的共识必须要进入实践领域。

这是由于，作为公共哲学的根基的共同体，实际上亦植根于现有的地球环境。本质上说，地球的资源是全人类的共同财富，而私有制是由法律来规定，所以，私有财产是法定权利和义务所形成的系统。也就是说，财产权必须要在社会理性秩序所形成的法中才能确定。人类的理性使得人们有能力追求良善生活，这些观念是所有的理性的人在一个多元化社会中形成的最大范围的共识。② 同时，

① Walter Lippmann. 1955. The Public Philosophy. the Atlantic Monthly Press：115。
② Walter Lippmann. 1955. The Public Philosophy. the Atlantic Monthly Press：123。

以公共哲学为基础的共同体自然为人们保留了自由思考与提问、言说和演讲的权利。言论自由在西方社会是具有核心意义的权利，自古希腊以降，辩证法或苏格拉底式对话就被看作是获得真理的基本方法，尤其是道德和政治真理。

　　辩证法是处理正反两方面观点的方法，它在正反两方面观点的辩驳中找寻通向真理的道路，而且它被看作是阐明思想的一种路径。如果说修辞学是有关"说服"的艺术，那么辩证法就是关于"批判"的艺术。在公共哲学中，言论自由被看作是观点之间直接面对与交流的途径。而观点之间的直接面对就是为了探究其中的真理，因此，这种对话所遵循的公共规则就是人们必须遵守一定的程序，按照公平交谈的规则，在发表公共观点时保持坦诚。如果在言论自由的原则下说谎，则被看作是对这一权利的违背。现代的大众传媒并没有使观点之间的对谈变得更容易，因为它倾向于向大众传播单方面的言论，而且，这些现代科技也并不喜欢真实和具有创造性、生产性的争论。辩证讨论是遵循逻辑和证据原则展开的。如果离开它的基础原则，言论的自由反而会带来社会言论的混乱与毁灭。同时，为发挥辩证讨论和言论自由探求真理的作用，社会也必须具备一定的宽容度。但是，现代的媒体形式，例如广播和电视，由于更多的是单方面表达，并不利于言论自由的真正开展，至多只保证一定范围内多种声音之间的平等表达。

　　但是，公共哲学拒绝社会观念的单一化、同质化趋势，它只是承认在多元化的存在之中有着共同基础，尤其是社会的共识。言论自由和私有财产都需要建立在公共哲学的基础之上，因为要想在一个多元社会保证言论自由和私有财产，都必须承认通过真诚的寻求和理性辩论就可以确立一个共同的、公认的理性标准和秩序，用以区分真理和谬误、正确和错误、促使人类觉醒的善和带向文明毁灭的邪恶。① 所以，公共哲学包括以下特征：第一，公共哲学所关注的是社会重大公共问题，或对社会有重大意义的公共主题，例如人类文明、真理、自由、财产等等；第二，公共哲学的生成方式是公开途径，即它不采取思辨和研究者自主论证的私人方式，而是始终保持最大程度的开放性，使不同层面的理性对话者可以平等交流，强调在论争过程中达成共识。这也意味着，它不以追寻绝对真理为目标，而是以追求关于真理的共识为目标；第三，对话题保持开放性。公共哲学对所探讨的话题不作价值预判，也不预先排斥任何话题，只要是人类社会所面临的重大问题，它就会对之加以理性地探究；第四，公共哲学有着一定的价值要求，它要求真理的寻求和论辩过程必须符合规则，同时探讨的各方必须有真诚和理性的品质；第五，公共哲学的终极功利主义目标，即促进最普遍人类的共同幸福。

公共哲学是科学研究的标准的根基。要想保证探讨的科学性和自由，就必须使所有人对于理性的标准和规则达成共识，那么，如何达成这种公认的标准和规则？即使起初需要达成基本的共识以保证对话的开始，但是真正的理性规则和标准却是在长期的对话中形成的。也就是说，并不存在一成不变和预先存在的理性规则与标准，这一规则和标准是在所有话题的探讨中跟随交谈实践不断成熟、改变以适应新的社会价值观、环境和话题的。一旦社会的公共哲学形成，社会共同体也就形成了，而如果社会内部的分歧和异议重新泛起，就会引发战争。避免社会内部的分歧甚至战争，就要依靠关于良善生活和良序社会的共同信念。

关于良善生活和良序社会的理念是普遍理念，它关注的是现实

---

① Walter Lippmann. 1955. The Public Philosophy. the Atlantic Monthly Press：134。

的、有限的、多样的、充满冲突但又道德感十足的人。所有关于自由、正义、公意和法律的理念关注的也是现实生活在法律之下的人。① 同时，宗教也在西方社会中也扮演着重要的公共角色。宗教的角色恰如儒家在中国的地位，它维护着社会外在的伦理与规范骨架，同时也维持着社会的公共价值取向和公序良俗。公共利益对每个人来说都是不可避免的利益，然而私利也是自然倾向。霍布斯关于"一切人针对一切人的战争"的语境中所设定人们对于财富和权力的贪欲，是无法完全通过教育消弭或除尽的，人与人之间保持平衡的方法是各种竞争力量之间的相互抵消。但是，这种力量的中和却往往具有中立的性质，既可以被用于善的目标，也可以被用于恶的目标。② 所以，与其纯粹依靠不断变动的力量之间的制约均衡，不如构建公共的价值理念作为共同体稳定的基础。

为共同体的稳定而构建的公共哲学，标示着一种古典价值，因此，现代社会的公共哲学的构建事实上是公共哲学的古典意义的复归。但是，新的公共哲学必须适应工业革命和科技的迅速发展，适应大众民主。③ 而且，公共哲学也是一种约束自然天性的后天的理性，所以，公共哲学并不能天然地被人们接受，它所对抗和约束的正是那些十分普遍的欲望和意见。④ 大众的共识所面对和把捉的对象都是实证性的，抽象的和普遍的观念都必须变为具体可理解的名词。⑤ 文明社会是建立在社会的公共契约之上的。⑥ 文明社会的第一

---

① Walter Lippmann. 1955. The Public Philosophy. the Atlantic Monthly Press：143。
② Walter Lippmann. 1955. The Public Philosophy. the Atlantic Monthly Press：158。
③ Walter Lippmann. 1955. The Public Philosophy. the Atlantic Monthly Press：161。
④ Walter Lippmann. 1955. The Public Philosophy. the Atlantic Monthly Press：162。
⑤ Walter Lippmann. 1955. The Public Philosophy. the Atlantic Monthly Press：163。
⑥ Walter Lippmann. 1955. The Public Philosophy. the Atlantic Monthly Press：166。

原则是权力只有建立在契约基础之上才是合法的。① 但是在现实生活中，并不存在能够涵盖良善社会的成文的契约或法规，不可能将一个人的内在和外在的职责与价值追求都以法令的形式制定出来。有时候，人们的确达成了一致的意见，但却并没有通过任何外在规约的形式表达出来。"文明是由彼此理解织构而成的。"②

宽容，也是一个共同体当中重要的话题，它构成了共同体中多元观念彼此阐释的外在氛围。宽容并非毫无底线，只有在共同体并没有受到致命威胁的时候，对异见的宽容才是可能的。所以，宽容并不是处理多样的观念和信仰的充分原则。事实上，宽容的根本目的在于寻求和解，所有原则的根本指向都是在异见之中寻找共识。③在私人世界之上有公共世界作为人类栖居的处所，人们总是于其中"选择"和"发明"公共哲学，这是人类和谐共处的基础。如果毁弃公共哲学，就有引起社会解体的巨大危险。公共哲学是为了给那些社会失范、加剧的野蛮行为、向暴力和暴政衰退的社会重新开始的机会的。人们将必须重新站立在理智的坚实地基上，面对各种重要客体，在无限芸芸众生的、彼此竞争的私人世界之上，建构一个至高无上的公共世界。但是，李普曼最终将公共哲学引向了宗教，试图达到与宗教的融合或和解。在最后，他借鉴了儒家的思想，提出了超越人格神的观点，即 the mandate of heaven（"天命"）。④

① Walter Lippmann. 1955. The Public Philosophy. the Atlantic Monthly Press：168。
② Walter Lippmann. 1955. The Public Philosophy. the Atlantic Monthly Press：168。
③ Walter Lippmann. 1955. The Public Philosophy. the Atlantic Monthly Press：172。
④ Walter Lippmann. 1955. The Public Philosophy. the Atlantic Monthly Press：181。

二、哲学的公共效用：约翰·杜威的实用主义哲学

（一）现代哲学的公共实用性失效

杜威在《哲学的改造》中，指出了现代哲学的最大缺陷就在于它面对现代社会的重要的公共问题失效了。现代哲学总是去研究对困扰人类的现实问题毫不相关的过去。而哲学对于现实问题的回避正是过去诸种哲学体系的缺陷之一，这使得这些哲学体系在当代失去价值。所以，哲学的研究必须公开，它只是在表面上研究终极实在，而实质上却是为了保存社会传统中的宝贵价值。而且，哲学本身就起源于社会自身，哲学"源于各种社会目的的冲突，出于世袭制度与不可并存的当代趋向之间的冲突"，因此，"未来哲学的任务将在于澄清人们关于自己时代里社会和道德上的各种纷争，其目的是成为尽人力所能及地处理这些冲突的一个工具"①。形而上学研究的是虚假的、非实在的东西，只有当与社会信仰和理想的斗争联系起来的时候，才变得非常重要。哲学需要放弃研究对终极的和绝对的实在研究的垄断，在启发推动人类的道德力量上，在致力于人类获得更有序和明智的幸福所抱热望的帮助中找到补偿。杜威的实用主义内在地包含着对形而上学的解构，这与公共哲学对同一性、极权主义的拒斥是一致的。

当代哲学发展不断追求、不断积累揭示"终极实在"的实际知识，各种哲学观念之间相互争执，从而忙于供给"知识的基础"，而非利用已有的知识去指导哲学，以发现和完成哲学最初的任务。哲学的根本任务是提供智慧，而非知识，"智慧是应用已知的去明智地

---

① 刘华初、马荣、郑国玉译，马荣校订，刘放桐审定，《杜威全集（中期著作)》第十二卷，华东师范大学出版社，第75页。

指导人生事务之能力"①。现代哲学过于关注"有用的知识",而使自身无暇提供与人生有关的智慧。但是,目前有些实际问题对于人生的关系是如此深切,这些问题涵盖了现代生活的一切方面,但在这种情况发生的时候,哲学多半退居于比知识更为次要和从属的地位。但是,知识本身和科学技术的发明与应用发展得如此迅速,以至于它们不断变为远离大众的专业性的事务,这种现状所造成的结果是,哲学逐渐为一般民众所不信任。如果哲学只注重研究知识的一般的抽象前提,而不注重知识的实际效果,不顾知识所引起的社会和人生事务的实际变化,也就会进一步被逐出民众实际关注的领域。其实,哲学应当关注科学所造成后果的社会原因,应当关注社会所起作用的社会制度环境,并从制度环境的改造上来思考科学效果的可能改进。这也就是基于事实态度的哲学研究。

杜威认为,现代哲学的问题除了包括对形而上学的过分兴趣之外,还包括对"私人自我"的生活和思想过于关注。这其中的一个原因是过于强调"感觉经验",即关于思维的最直接体验。有时候,"特殊的"就是指"私有的"。但是有时"私有的""私密的"也并不绝对就是无关他人的,例如,在投票中,"那种投下私自的或秘密的一票的资格乃是一件为公众所决定的事情,而且这种安排也是在社会上受欢迎的。"② 而且,也只有一个人达到了一定的公共规定时,它才拥有了这种私下的权利。由此可以看到,虽然在抽象领域,私有与公众总是相对立的,然而在现实中它们却常常交织在一起,甚至互为条件,在这里,为公众所承认就是私人行为的合法性的基

---

① [美]约翰·杜威:《人的问题》,傅统先、邱椿译,上海人民出版社,2006年版,第4页。
② [美]约翰·杜威:《人的问题》,傅统先、邱椿译,上海人民出版社,2006年版,第267页。

础。同样的，即使是商业活动中对私人首创性的强调也是社会制度的标志。而且，个人对痛苦和享受的私人体验也有关社会道德。

　　作为"智慧"的公共哲学，它是从私人与社会相互关联的角度来看待私人体验与社会道德的，它所追求的是"那些能指导我们集体活动的目标和价值。"① 在此基础上，"实用主义"或"实验主义"是指用科学的方法和科学的知识与结论来研究社会和人生的事务。公共哲学的价值就在于它是人们解决问题的一个工具。而且，也只有依靠社会力量，哲学才能发挥其实际效用。哲学本身不能独自和自动地解决现在世界中的冲突或消除其混乱，只有依靠全世界联合起来的公众在合作中才能完成这个任务。哲学的是为了明确那些限制或实现科学研究的实际效能的社会环境，即经济的、政治的、道德的和宗教的情况，将目光集中于那些与人生最有关系的广大领域，从而推动科学研究为人类福利做出贡献。人生的事务本身有着普遍性意义，它有关实现国际和平目标、促进经济安全、促进政治的民主自由与安全。关注公共事务，是哲学自诞生以来的品质。

　　哲学需要专心于其他更有成效、更紧要的任务，即面对人类所感受的、巨大的道德和社会的缺陷与困惑，集中精力去澄清这些不幸的缘由和确切本质，并澄清一个更好的可能的社会的观念。哲学不能用以表示另一个世界或一个遥不可及无法实现的目标。它是理解和矫正特定社会的弊端的方法。对杜威来说，公共哲学是出于改造社会的实用主义考虑，这也可以从胡适所提出的"多研究问题，少谈些主义"的口号略见一斑。杜威反对本质主义式的宏大叙事，也并不主张总是从古典哲学引出研究路向，而是强调面对社会的现

---

　　① ［美］约翰·杜威：《人的问题》，傅统先、邱椿译，上海人民出版社，2006 年版，第 7 页。

实问题，尤其注重具体地研究每一个社会问题。哲学研究不应以私人性的研究对象构造封闭的哲学体系，相反应当关注社会大众所注重的、与社会大众生活息息相关的紧迫问题。公共哲学的研究保证了一定的变化性和公众参与度，而且哲学研究本身就是公众话语和公共讨论的一部分，哲学不能放弃自身的公共效用。

启蒙是哲学的主要公共效用之一，当代社会、整个世界的普遍启蒙正是公共哲学的任务。他指出，"我只需举出最近的战争、劳资问题、经济阶级的关系，还有新科学虽然在医学（包括外科）中创造了奇迹，但也产生了疾病和衰弱，并使它们蔓延开来。这些需要考虑的事情向我们指出，我们的政治是多么不发达，我们的教育是多么原始和拙劣，我们的道德又是多么被动而迟钝"[1]。现代哲学自身所造成的种种错误在于"脱离转变成某种新的不同东西的运动的真实条件的存在，以及独立于各种物质的、自然的可能性之外的理想、精神和理性的存在"[2]。在实用主义看来，这无非是水中捞月，徒劳无功。所以，必须将智力运用于现实的社会事件和社会问题的研究，使其作用于现实的目标以发生现实的作用，而非仅仅将智力的功效停留在精神和意识领域，这样，哲学就能真正推动人类社会的发展和进步。

（二）现代社会的公共性特征凸显

现代社会的公共性是伴随着现代物质文明和精神文明的发展凸显出来的。现代科学造就了世界的开放性。科学向我们展示了一个在时间和空间上都是非封闭的、无限的、不断变化的宇宙，它的内

---

[1]　刘华初、马荣、郑国玉译，马荣校订，刘放桐审定，《杜威全集（中期著作）》第十二卷，华东师范大学出版社，第 120 页。

[2]　刘华初、马荣、郑国玉译，马荣校订，刘放桐审定，《杜威全集（中期著作）》第十二卷，华东师范大学出版社，第 122 页。

部构造和外在范围无限复杂。因此，当代世界是一个开放的、一个无限多样化的世界。世界向着任何可能性开放，同时也向每一个人公开自身。社会也就是多种因素相互联结、共同作用的整体，观察社会，首先需要立足于有机体与环境之间所起的相互作用。无论人们承认与否，有机体中的所有部分都是处于开放的相互影响关系中的。

在这样一个开放的世界，开放的社会中，人们需要进行无私利、无偏见的探究，防止自我封闭和不负责任。人们没有必要预先设定一个特殊目的来限制观察和研究，这样，探究就获得了解放。人们被鼓舞着去关注各种问题或需要的事实，去追寻各种线索，逻辑只是哲学研究的工具，制造封闭的体系的目标并非哲学的目的。所以，当思想不再局限于一种固定的职业时，劳动的真正分工才形成。研究就此获得了社会性的意义，而不再是偶然的、零散的、局限于个人的活动，而是成了一些人的终身事业。研究与其他的社会分工是联系在一起的，这种联系的基础就是社会整体的发展。当从事认识事业、即研究事业的人们忘记了这种联系，而日益强调自身的专业化的时候，就会造成许多琐碎细节的概念、范畴、观念以科学的名义掩盖真实的社会及其问题，从而就使得各种体系深奥难解。所以，要想做到在研究上无偏见、无私心，就必须与所交往的人的需要和问题保持一种社会性的敏感，应当站在社会公共的立场上，在社会的普遍联系中来看待某一具体的社会问题，以求对这一问题的思考和解决能够发生实际的效用，真正造福人类。事实上，实用主义者导向公共哲学近乎是必然的，这是其哲学信念内在发展的必然逻辑。这样，"真理"与"有用"就联系了起来。

杜威说，"所谓真理即效用，即真理是观念或理论宣称可以在经验改造中所做的贡献和服务"①。为此，他使用了一个比喻："一条道路的用途不能以它便利于山贼劫掠的程度来衡量，而是取决于它是否实实在在地尽了道路的功能，是否能够供方便有效的公众运输和交通之需。"② 这生动地表明，真理的真正价值必须由其创造了多少实际的公共效用来衡量的，它取决于对公众的意义，而不能由个别私人所获得的效益来决定。真理应当是具有效用的公共工具。这种真理观解放了人们的思维，从而把真理性植根于公共性，即开放式的可检验性。真的就是证实的，在此基础上，人们可以放弃政治和道德教条，把一切看作是最终见解的观念拿出来接受效果的检验。这种思路会引起权威地位和决策方法的巨大变革。公共哲学的基本实践效用就是真正解放每一个人的思维，破除封闭的、僵化的教条的统治，从而使得社会成为面向每一个人的思考和活动的、活生生的存在，打破真理的独断论。

政府、艺术、宗教、社会制度等的一切社会存在的价值在于其对于每一个人的生活的实际效用，其目的就是解放和发展个人的能力，不分种族、性别、阶级或经济状况。它们的价值取决于它们能在多大程度上使个人达到其可能性的极致状态。"民主有许多含义，但如果它有一个道德意义的话，那就在于：所有政治制度和工业组织的最高检验标准，将是它们应当对社会每个成员的完满生长所作出的贡献。"③ 政府、艺术、宗教和社会制度的价值不在于为所有个体存在设定一个最高的外在目的，而在于促使每个个体完全实现其

---

① 刘华初、马荣、郑国玉译，马荣校订，刘放桐审定，《杜威全集（中期著作）》第十二卷，华东师范大学出版社，第133－134页。

② 刘华初、马荣、郑国玉译，马荣校订，刘放桐审定，《杜威全集（中期著作）》第十二卷，华东师范大学出版社，第134页。

③ 刘华初、马荣、郑国玉译，马荣校订，刘放桐审定，《杜威全集（中期著作）》第十二卷，华东师范大学出版社，第145页。

自身。

　　个性并非既成的东西，而是社会的产物。社会组织、法律、制度是人类总体的幸福和进步的手段和工具，它们不是个人的功利手段。对个体来说，它们是创造个体的手段。"在社会和道德的意义上，个性是要被塑造出来的某种东西"①。个性即个体的创造性、发明性、能动性，是个体承担选择信念与行为的责任。个性是个体所获得的成就，而不是个体本具的天赋。作为成就，个性不是绝对的，而是与对个体的用途相关的，个性的用途会随着环境的变化而变化。从抽象概念的层次上来说，个性总是以其私有性为特征，但是在具体的层面上，个性总是一种公共活动的产物，内含着公共意义、公共价值，并且始终在公共活动和公共存在中才能显示其个体的特殊性价值，才成其为个性。没有不与周围环境处于联结中的个性。当然，利益总是具体的、动态的，它们也是产生任何具体的社会思想的自然条件。但是，当利益与卑鄙的自私自利结合起来的时候，便毫无意义了。个人完善自身并不等同于社会向好的方面转化。社会变革是个人道德完善的首要条件，也是创造新人的唯一手段。制度的评价标准之一，就在于看它所培养出的个人。个人的道德改进和社会的经济政治条件的改革总是融为一体的。国家社会和个人之间并不是一般的因果关联，根本的关系是，个性是在共同生活的影响下被创造出来的。改换了的社会哲学的个人主义的出发点，促使超越狭隘的个人主义的功利考量，转而探讨普遍地解放个人能力和释放社会潜力的作用。所以，"'个人'并非是一个事物，而是一个内涵丰富的词，它代表着那些在共同生活的影响下所产生、所确认的

---

① 刘华初、马荣、郑国玉译，马荣校订，刘放桐审定，《杜威全集（中期著作）》第十二卷，华东师范大学出版社，第149页。

各种各样的人的具体反应、习惯、气质和能力；'社会'这个词也是如此，它代表着许多不确定的东西。它包括人们为了分享经验和建立共同利益和目标的一切联合方式"①。人的实际存在方式就是共同生活，而且这是任何考察个人与社会的实际出发点。

组成国家，是个人的实际的共同生活的主要方式。杜威指出，"随着国家组织的不断扩大、不断渗透和不断统一，个人也从习惯和阶级所加的限制和奴役中解放出来。然而，从外在强加的束缚里解放出来的个人并不是孤零零的。社会的各个分子立刻在新的联合和组织里重新结合起来。强制的联合被自由的联合所取代，严厉的组织被适意于人类的选择和目的的组织——可以直接根据人的意志改变的组织所代替。从一个方面看，这好像是一个个人主义的运动，但实际上，这是大幅增加组织的种类和变化的运动：政党、工业企业、科学技术组织、贸易联盟、教会、学校、无数的俱乐部和社团，这些组织哺育了人类可想象的各种共同的利益。随着这些组织在数量和重要性上的发展，国家越来越成为它们之间的规范者和协调者：规定它们的活动范围，预防和调解它们的冲突。"② 国家的至上性体现在它是所有个人和团体的活动的最高调节者，而本身却不干预具体的社会事务。国家的重要性体现在培育和协调各种自由结合的团体的活动上面，它只是在名义上是所有其他团体和组织存在的目的，国家的实质目的是促使社会团体实现自身的合理目的。面对各种各样的社会团体和个人，多元论对于当代社会具有适切意义，它对等级制和一元论做出了修正，多元论的基本信念是，凡能增加生活的

---

① 刘华初、马荣、郑国玉译，马荣校订，刘放桐审定，《杜威全集（中期著作）》
　　第十二卷，华东师范大学出版社，第 151 页。

② 刘华初、马荣、郑国玉译，马荣校订，刘放桐审定，《杜威全集（中期著作）》
　　第十二卷，华东师范大学出版社，第 153 页。

价值的任何的人类组合，就具有独一无二的至上价值。对于人类社会来说，国家利益、民族文化本身就是多元化的。

尽管愈来愈强调的地域性的民族主义对独立主权有着强烈要求，但这也是与实际上不断增长的超国家利益的对立。这是由于人类社会内部的各个地域及其文化的联系逐渐加强。"现代国家的福祸是连为一体的。一国的衰弱纷乱以及错误的治理法则会越出其国境，传播感染到其他国家。经济的、艺术的、科学的发展，也是如此。"[①]在当代世界中，产生了一系列超政治境域的团体，如数学家、化学家、天文学家的协会，国际劳工组织等都是超国家的，它们分别代表了人类的科学发展的利益或世界劳工的利益。全球化和国际主义已是一个不可否认的事实，但现在这些利益，即关于人类的普遍利益依然被排外的民族主义和关于国家主权的教条所割裂。事实上，只有关注人类的普遍利益，具有国际主义精神，才能推动当今世界的劳动、商业、科学和技术的进步。

人类社会是多民族、多国家的联合体，是多元文化的复合体。社会就是人们在共同的交往和行动中联合起来，以便更好地实现那些共同参与的事业。因此，有多少种通过互相交流和共同参与才能达成的目标，就会有多少种联合的形式。由于人类社会发展至今，关于共同事业的目标大大小小不胜枚举，所以人类的联合形式在数量上是无限的。而在公开的交流中得到检验和证实的，是真善与否的标准。而且，交往、共享、协同参与也是实现道德的法则和目的普遍化、确证其合法性的唯一途径。虽然每种具体的善各有其独特的性质，但是有意识地实现善的境遇却是人类一致的追求。各种具

---

① 刘华初、马荣、郑国玉译，马荣校订，刘放桐审定，《杜威全集（中期著作）》第十二卷，华东师范大学出版社，第 153 – 154 页。

体的善的共同本质在于它并非立足于一时感觉或一己之私，而是立足于共享和交往，即公共的、社会的标准。真正的善必须要加以普遍化、社会化，使共享福利在范围和分布区域上加以扩大。"只有通过人们的交往，诸善才能存在并持续下去；团体是共享利益的手段。"① 这也是隐含在现代人本主义和民主主义的精神之中的基本信念。从根本上来说，任何组织并不以自身为目的，也就是说，组织不具有本质性的实体利益，它是促进人们合作、扩大有效交流的工具。这就决定了，民主必须成为组织的基本原则。

从公共哲学的角度来看，民主是适应当代社会和个人特点的一种生活方式，它强调在形成关于人的共同生活的价值的过程中，必须要有每一个社会成员的参与。民主的关键在于，"政治民主发展时用互相商量和自愿同意的方法来代替用强力从上层使多数人屈从于少数人的方法"②。民主反对压迫，反对用压制来维持从属关系，是社会成员无法参与决策，从而封闭决策的群体空间。平等，而非压迫与从属，这是民主的核心理念。"一切个人都有权利受到法律的平等对待，以及在其行政管理中有平等的地位。每一个人总是生活于一些制度之下的，而他所受的这些制度的影响都是平等的；如果在数量上并不如此，在质量上是如此的。……每一个人都同样是一个人；每一个人都享有平等的机会来发展他自己的才能，无论这些才能的范围是大是小。"当然，民主的意义也绝不限于政治决策和管理的领域，公共生活亦并非总是政治生活。民主在家庭里、在工作单位中、在每一个社会团体中都有着自己的意义，人们都应当在彼此

① 刘华初、马荣、郑国玉译，马荣校订，刘放桐审定，《杜威全集（中期著作）》第十二卷，华东师范大学出版社，第154页。

② ［美］约翰·杜威：《人的问题》，傅统先、邱椿译，上海人民出版社，2006年版，第45页。

的联系中决定共同的群体规则。这种由组织成员达成共识而形成的群体规则，是与个体的自由相一致的，可以说是个体自由的唯一真正形式。

自由来自于个人的争取，这是民主自由的本质，它不是某种特殊机构赋予的结果。实现自由不仅是目的，而且也是民主的方法，也就是说，只有通过个人自愿的合作，个性的发展才是有保障的和持久的。早期自由主义的缺点在于"把个人看成为既定的、完全自足的东西，并把自由看成为个人现成的财富，它只需要除去外部的束缚即可充分表现出来。……在这种哲学中，关于个性和自由的观念变为绝对的和最后的真理；而这些真理在一切时间和空间内都是真的"①。对于早期自由主义的纠正，即肃清关于"个人"的绝对主义观念，主要是澄明个人并非确定的、给予的、现成的东西，它是社会文化和环境培养出来的产物，即科学的、艺术的产物，是经济的、法律的和政治的制度的产物。早期自由主义只注意到了社会对个性的限制和歪曲，只关心个人与社会制度之间的消极联系，而没有注意到如何寻求积极建设法律、政治和经济制度的途径。自由主义是具有历史的相对性的观念，个人的自由的内容是随着时代的改变而改变的，尤其是随着不同时期的社会政策发生变化。只有当人们有有效的机会去参加经济和文化的一切活动时，他们才是在精神和个性上完全自由的。

总起来说，正是现代社会各种现实公共问题的不断涌现，给予了哲学发挥其实际效用的机会。根据实用主义的原则，所有的研究必须对解决公共问题的实践需要予以回应，哲学也不例外。这样，

①　[美] 约翰·杜威：《人的问题》，傅统先、邱椿译，上海人民出版社，2006年版，第112页。

就产生了以实际的公共效用为实践指向的哲学，即实用主义基础上的公共哲学。

（三）实用主义视角下的公共哲学

在实用主义的基础上，杜威这样来描述公共哲学："社会是这样一种合作的过程，在其中，经验、观念、情绪、价值可以流动而成为公共的。对这个积极的过程来说，个人和制度组织才是真正从属的。个人是从属的，因为如果撇开与别人交往过程中产生的经验上的交流，他就只是一个不能说话的、纯感觉的、野性的动物。只有在与同伴的交往中，他才成为经验中的意识核心。组织，即传统的理论中所谓的社会或国家，也是从属的，因为如果它不能被用来便利和增加人类的交往，就随时会变得停滞不前、呆板和官僚化。"① 杜威在这里的论述值得深思。首先，他从人类交往活动的根本层面上来看待个人、社会、国家，把社会、国家只看作是一种组织，并没有将之作为公共性的唯一载体，这就突破了对公共性的"政治属性"的狭隘理解，而且，从另外一个方面也说明了个人的公共属性，这就意味着更加准确和完整地把握了公共属性本身。其次，杜威不仅对公共问题进行了哲学思考，而且对于社会的公共性本身也有所涉论，他显然已经将公共性当作现代人类社会的根本属性来考察。人类的公共交往作为考察一切问题的出发点也具有了方法论的意义，杜威对社会公共性的考察已经深入到政治和经济的底层，超越了政治哲学的维度。

在超越政治哲学的基础上，杜威展开了对人性本身的探讨。人性既蕴于每个个体之中，又同时是人的普遍本性。各种人的活动都

---

① 刘华初、马荣、郑国玉译，马荣校订，刘放桐审定，《杜威全集（中期著作）》第十二卷，华东师范大学出版社，第 154 – 155 页。

可以看作是人性的表达。"人在本性上是一种斗争的动物，并且其本性的这一方面是不变的"，可以说，"战争是一种社会习惯"，"斗争性是人性的一个构成部分"。① 尽管人天然地具有斗争性和恐惧心，但是怜惜心和同情心也是人性中的必然因素。人性是可变的，这也正是公共教育的目的。"文明本身便是人性的改变之结果。"② 传统、风俗、制度、组织等等都是人性的可改变的表现方式，并非永恒不变。这种改变得益于社会中个人的成长。

个人的自由就是在社会中不断释放自身能量，不断增长自身能力的过程，社会也正是由此才发展起来，所以，个人的自由是具有社会意义的，它不仅对个人而言是积极的，而且对社会利益来说也是积极的。只有在一个社会的全体成员都尽其所能地发挥他们的才能时，这个社会才有能力应对一切事件。所以，任何社会都应在教条和既定习俗之外给人们留下实验和创新的余地，任何社会也都需要一个自由的边缘地带，使非常规的想法有用武之地。所以，对于社会生活和科学探究，重要的事情不是避免错误，而是把错误控制在一定的条件下，并使它们用于突破旧有的障碍以增进未来的智慧。英国自由主义的社会哲学强调个人的自由和权利是社会发展的目的，而德国政治思想则更强调社会义务和法律权威。过于强调义务和权威对于社会团体的自由自决权是一种威胁，敌视个人的自由选择权，从而限制了个人为社会做出自身的贡献。所以，"要保证集体的效率和力量，最好解放和利用个人的种种能力，如创造力、计划能力、

---

① ［美］约翰·杜威：《人的问题》，傅统先、邱椿译，上海人民出版社，2006 年版，第 159 页。

② ［美］约翰·杜威：《人的问题》，傅统先、邱椿译，上海人民出版社，2006 年版，第 162 页。

预见力、活力和忍耐力。"① 无须将人的活动限制在技术性的和专门的事务中，或限制在各种琐事中，人们需要按照各自的能力参与所属社会团体的目的和政策的制定。只有充分发展了的个性和充分释放了的个人能力，才能参与管理公共事务。而只有参与管理公共事务时，即家庭、企业、政府、和科学团体等事务时，人性才能得到发展。

"自由总是一个社会问题，而不是一个个人问题。"② 个人的自由问题是社会的公共问题，从来不是一个私人的问题。任何人所享有的自由决定于当前社会的权力和自由的分配情况，而这又决定于社会的法律、政治和经济安排。所以，任何争取个人自由的行动总是伴随着制度的改变，这也是重新调整权力和自由的分配的行动。由此，则会产生一种比较均衡和平等的自由的分配制度。放任式的自由主义，根本无法应用于现实的管理实践中。而且，自由也并不是以个人的完全任意为目标的，自由主义"的目的在于为那些世世代代以来未曾参加过公共事务，以及未曾由此而获得好处的人们扩大了他们自由行动的范围"③。

主张自由主义的工业和企业家在排除了政府的干涉之后，就逐渐成了占统治地位的经济阶级，这些阶级倾向于独占社会利益，而且倾向于以独握真理的方式独揽权力。结果，自由主义的运动"开始时是倾向于使人有表达精力的更大的自由，给予了每一个人以新的机会和力量，它现在却已经变成在社会上压制大多数人的东西了。

---

① 刘华初、马荣、郑国玉译，马荣校订，刘放桐审定，《杜威全集（中期著作）》第十二卷，华东师范大学出版社，第 155 页。
② ［美］约翰·杜威：《人的问题》，傅统先、邱椿译，上海人民出版社，2006 年版，第 94 页。
③ ［美］约翰·杜威：《人的问题》，傅统先、邱椿译，上海人民出版社，2006 年版，第 102 页。

它的结果几乎把个人的权力与自由和获得经济成功的能力完全等同起来了——或者极简单地说，和赚钱的能力完全等同起来了。它已经不是在人民之中加强和谐和互相依赖的手段，而已经证明是具有分裂性的了，它活动的结果也说明如此"①。这样，拥有较多财富的人虽然只是少数，但却有了反社会的资本，而物质主义也把大众的个人追求变得僵化了。"这时候，使得生产与分配的能力大大提高的原因，以及使得工厂大规模生产和利用交通便利而大批分配生产成为可能的原因，现在已被夺取来为少数人谋求利益。"② 但事实上，现代科学和物理技术已经达到了为所有人谋取物质上的富裕和安全的程度，它为人类文化的繁荣奠定了物质基础。所以，从根本上来说，促进一切个人的解放与建立一个能够增进所有人类自由的伟大事业是联系在一起的。

人类文化繁荣的基础是社会的公共教育活动。杜威在《人的问题》中提出了公共哲学的实践指向——公共教育。现代社会的一切教育事实上都是公共教育。"公共教育实质上是属于公众的教育：直接通过学校里的师生；间接由于把他自己的理想和标准传递给别人，用他自己和他所属人员的热忱来启发别人，在社会的转变中担当起在理智上和品德上的责任。"③ 教育的目的是要解放个人中发明、革新和创造的因素，公共教育也是科学前进的公共性基础。而且，尽管科学的发展依靠的是个人研究者的首创性、发明力和进取心，但终究是以科学共同体的智慧为基础的。科学的权威是从有组织的集

① ［美］约翰·杜威：《人的问题》，傅统先、邱椿译，上海人民出版社，2006年版，第103－104页。

② ［美］约翰·杜威：《人的问题》，傅统先、邱椿译，上海人民出版社，2006年版，第104页。

③ ［美］约翰·杜威：《人的问题》，傅统先、邱椿译，上海人民出版社，2006年版，第55页。

体活动中产生出来的。即使是在范式转型阶段，新的科学方法的确立也必须要依据公共和公开的原则，而且只有当在同一领域内工作的一切人们达成了共识和统一的信仰的时候，新的科学范式才得以建立。每一个科学研究者，即使他反对流行观念，最终目的仍是为了公共的占有，科学的方法和结论不为私人存在，尽管它们在一开始总是私人的产物。科学研究者所做的贡献是在科学共同体中得到检查和发展的。"它根据它在合作中所得到的证实程度而变成了理智世界中公共财富的一部分。"①

人民享用公共财富的途径首要的是接触科学的新发展和新技术。广大人民群众却只有在实际应用中才会与科学发生接触。科学对他们的意义就是在日常生活中所发生的意义，他们感知科学的方式就是科学对日常职业、家庭和邻里生活所带来的效果，或带来的限制。重视科学实际上就是一种公共哲学的观点。

首先，科学知识和技术本身是根据公认的标准进行检验的。一个结论是否是科学知识，一种知识有无应用价值，总是要通过科学界所订立的普遍公认的标准予以检验。当然，在学科发生范式转型时，既有的标准可能会被完全证为荒谬，但是，旧有标准的推翻和新的标准的重建依旧具有公共的意义，因为这标志的是整个科学共同体的进步。而且，范式转化之后，新的范式必定取代旧的范式形成新的公认标准。毫无疑问，公认标准的存在是科学发展的常态。

其次，科学具有极高的公开性。从根本上来说，科学向一切有正常智力的人敞开自身，它虽然与教育有关，但只要是正常智力的人愿意并且接受充分的教育，就可以对之加以掌握。科学知识不因

---

① ［美］约翰·杜威：《人的问题》，傅统先、邱椿译，上海人民出版社，2006 年版，第 88-89 页。

性别、种族、民族、肤色、国别、年龄而产生区别，它不受财产、地位等方面的限制。它是人类共同的财富，也理应为人类共同掌握。再次，科学的应用具有极高的普遍性。由于科学反映的是关于客观对象的客观规律，所以它对所有符合条件的客观对象一律适用。对任何人，在任何地方，只要人们严格遵守科学规律予以使用，就可以使之服务于自己的目的。

最后，科学知识具有公共价值。科学知识由于其客观性和中立性，既可以用于道德上善的目的，也可以用于恶的目的，但从社会发展来看，其被用于善的目的是主流，这时它就具有了公共价值。大量的科学成果都被用于提高人们的生活水平，解决社会公众亟须解决的问题。"自然科学的应用使得人类关系有了巨大的差别。它们已经把生产和分配商品与服务的手段革命化了。它们已经使得交通和一切影响公共舆论的手段起了同样重大的变化，而公共舆论又是政治活动所依赖的。自然科学的这些应用，较之任何其他力量或其他组织的力量，更多地决定着人类共同生活和行动、享有和忍受的条件。而且，它们还使得社会处于迅速变化的状态之下。在任何人们已经感到应用科学的效果的地方，人类的关系就不再是静止的了。"① 在此意义上，哲学应当与科学相结合，寻求共同目的和意义。

除科学之外，艺术也是人民公共财富的一部分。他指出，艺术的公共化就是其日常化。当艺术是被解放的人类能力以社会性的创造力表现出来时，艺术也就不再是奢侈品，它融入了日常的生计中。这样，审美的生活和谋生的生活就结合为一体了。只有当关于交往、

---

① ［美］约翰·杜威：《人的问题》，傅统先、邱椿译，上海人民出版社，2006 年版，第140页。

共同生活和共同经验的奇迹的那种情绪的力量被人们自然而然地感受到的时候，也就是说，当艺术作品在人类共同的生活和经验中，在公共交往中展现自身的时候，人们才能真正领略艺术的内蕴。诗歌、技艺、宗教"是思想和欲望所开出的花朵，作为千千万万的日常生活片段和接触的结果，自然而然就被汇合成一种人类想象的倾向"。① 这样，哲学上的"真观念"才有了实际可感的基础。"真观念把我们逐渐直接地引到有用的可感觉的界限，也把我们引入有用的语言和概念的领域。它们把我们引到融贯性、稳定性和变动不居的人类交往。"② 这样，哲学上的真理性与人类的交往实践、行动实践就结合起来了。

理智的教育、政治的活动都是古希腊公民生活的一部分。在希腊的城邦中，政治公民身份和公共社会生活具有至高无上的地位，但是中世纪却没有这样的政治公民身份和公共社会生活。现代所说的自由的艺术和教育已与它们在希腊哲学中的意义有着完全不同的意义。雅典公民的活动与一个城市的一切社会事务和问题有关，理论兴趣和宗教仪式只是其中的一个方面。唯一的完全自由的生活乃是专心一致追求科学与哲学的生活，但这一生活也与当时人们的实际生活有关。重视自然而非超自然，是古代希腊哲学的核心。哲学无须陷入抽象的争论之中，对于公共的研究也是如此。过去的哲学之所以对现代人来说显示出抽象品质，这是因为过去对现代人来说已经变成抽象的存在。当前的问题不在于"主义"之争，而在于许多具体的社会问题。公共哲学关注的是社会实际的公共问题，它既

---

① 刘华初、马荣、郑国玉译，马荣校订，刘放桐审定，《杜威全集（中期著作）》第十二卷，华东师范大学出版社，第156页。

② ［美］杜威："实用主义所谓'实践的'是什么意思？"，《中期著作（第4卷）》，《实用主义》，世界知识出版社，298页。

不是抽象的公共概念，也不是实际的个人问题。而这些问题只有通过实际的考察和研究才能确定。公共哲学的基础是实用哲学的视野，在这一视野中不存在物质与精神的绝对对立。从而，也必须废除关于社会人事和道德、科学的抽象观念，道德以科学为基础，而且可以采取科学方法来研究，对于超自然问题的研究并不比现实的道德研究更重要。所以，我们需要关注的是"广大人类群众的日常兴趣和关怀，而这种兴趣和关怀是和他们所面对的自然条件紧密地联系在一起的——这些条件对于人类的福利和命运是有着重大影响的"①。

　　总起来说，可以用杜威所引用的马希的观点来概括杜威对人的理解。个人具有三重身份：第一重身份是属于绝对私我的身体和各种情绪、感受、想法等。这一部分往往并不天然适合社会和职业的需要，所以需要经过教育和改造。这也产生了个人的第二重身份：满足社会需要的特定职业者。公民也被承载在这种身份中，再者因为此时个人主要是属于国家内部的社会的个体，他所满足的需要实际上是特定国家经济发展的需要。第三重身份正是作为人类的一分子，在这重身份中，个人与人类的本性是直接同一的，他只是作为人类的一个具体个体而存在，他享有人类才拥有的权利，如理性的能力，但也承担整个人类社会的责任。而且，这三重身份中，第三重身份才是最重要的，因此，最根本的社会实质上是人类社会，而不是国家内部的社会。个人一定是社会的组织成员，在这个社会中，每个人的最高价值、完善和幸福就是整个社会最高的目的和完善状态。所以，"一个教育机关的功能就是培养社会，而培养社会就是使

---

① ［美］约翰·杜威：《人的问题》，傅统先、邱椿译，上海人民出版社，2006 年版，第 134 - 135 页。

它的个人的一切力量都得到充分的发展"。① 杜威的公共哲学的目标是实现真正的公共教育。

三、对公共问题的政治哲学思考：迈克尔·桑德尔的《公共哲学》

（一）公共事务的哲学研究

迈克尔·桑德尔的《公共哲学》主要指的是"对公共事务的哲学思考"，公共事务包括政治事务与道德事务。公共哲学关注的问题是在公共领域中发生的一切问题，无论是多么细微的社会问题，只要是发生在可以被公开地谈论、人们可以交谈和商讨的领域中的问题，都是公共哲学探讨的问题。在公共领域中，既有关于政策与法案的大事，也有与人们生活息息相关的小事。桑德尔意图在提出一种有活力的、关于好生活的观念的基础上，探讨美国社会的"道德价值"的问题，来明确什么才是承担公共责任的合格公民。所以，他所研究的大多是关于公民所涉及的实际的社会事务。

因此，针对公民所涉实际社会事务的哲学研究，主要是指以经验性的资料以及对其的分析为基础，运用政治哲学的概念范畴和分析方法来研究实证问题。例如，桑德尔所批判的是现实生活中违背公正和公共利益的行为。商业利益侵入公共学校将妨碍把学生们培养成公民的目标。过分依靠卡通形象和前卫广告也会损害公共领域的尊严和权威，损害政府的公共形象。"把历史商品化带来的后果是公共领域的萎缩。"② 治理污染、保护生态固然是全球性的公共事务，内部却也存在政治差异，因为每个国家所排放污染的程度和治

① ［美］约翰·杜威：《人的问题》，傅统先、邱椿译，上海人民出版社，2006 年版，第 327 页。

② ［美］迈克尔·桑德尔：《公共哲学——政治中的道德问题》，朱东华、陈文娟、朱慧玲译，中国人民大学出版社 2013 年版，第 78 页。

理污染的能力是不同的。此外，当代世界必须要面临处理种族和民族关系的问题，反对宗教、民族、种族、性别等有关方面的歧视。①

概括地来讲，所谓的公共问题，是关乎社会中具有公共意义的价值的问题，例如干细胞研究，就与是否把胚胎看作人相关。胚胎是否能够被看作人，是一个具有公共意义的社会问题。以及，虽然在当代社会中，私人领域与公共领域是截然分开的，但是这并不妨碍隐私权的问题成为一个极具公共意义和价值的社会问题。因为隐私权的问题也是现代社会的法律所关注的核心问题。有些东西虽然是属于个体核心的东西，但这并不妨碍它具有极大的公共意义。事实上，有很多法令谈的是非常细致、非常私密的问题，例如涉及个体的性取向和性权利。"我们保护那些权利，不是因为它们有助于……普遍的公共福祉，而是因为它们是个体生命中最核心的部分。隐私的概念根植于这一'道德事实，即一个人既不属于他人，也不属于作为整体的社会，而是属于他自己'。"②

公共哲学是以关心社会中实际的公共事务的方式来关注个人问题的，而对个人事务的探讨亦必须回到其公共的意义。它关心政治与公民生活之间的关系，也关心公共生活的构建和公共善的实现。卢梭的政治学有强制倾向，主要是由于他预设"公共善乃是单一的、无可争辩的"，故而指出共和主义政治可以用灌输的方式使公民接受。而与卢梭的大一统观念不同，托克维尔则采用公共机构来填补人际空间，从而使每个人之间既分隔又相连，这些机构包括"社区、学校、教派以及维持美德的各种职业"，培养公民参与公共事务的习

---

① ［美］迈克尔·桑德尔：《公共哲学——政治中的道德问题》，朱东华、陈文娟、朱慧玲译，中国人民大学出版社2013年版，第91－93页。

② ［美］迈克尔·桑德尔：《公共哲学——政治中的道德问题》，朱东华、陈文娟、朱慧玲译，中国人民大学出版社2013年版，第118页。

惯，而且由于它们还保持了自身的多样性，这些机构也防止公共生活消融到无差别的整体中去。① 公共哲学对于公共政策的关注，正是对于哲学在公共事务中的应用本身的关注，这就承继了美国哲学的实用主义传统。

（二）实用主义的哲学传统

桑德尔在某种程度上继承了杜威所开启的实用主义传统，他关注的范围涵盖了政治与教育、科学与信仰等方面，并寻求超出学术界范围的影响力。哲学家应当关注日常生活中那些特殊的有关思想和行动的问题。"'哲学'，杜威写道，'当它不再是处理哲学家们的问题的工具，而成为由哲学家们所形成的、用于解决人类问题的方法时，它便显现自身了。'"② 哲学家必须回应自己所处时代的问题，不仅仅作为一个感兴趣的公民，而且也作为一个哲学家。所以在民主对话中，哲学家作为知识分子的声音有着重要意义。哲学本来是对真理的追求，而民主却被看作是多种观点和利益的呈现。但是哲学并非如此单一和纯粹，而民主也并不是意见纷乱的讲坛。"民主不仅仅是大多数人进行统治的制度，更是一种生活方式，这种生活方式培养公民之间的交流和慎议，以及理智集体行动中引发的慎议。"③ 民主的合法性在于它是公意的体现，它的根本倾向仍然是揭示真理。民主的德性很像科学的德性，它排除了最少的选择，而且使所有的思想都面临着被检验的公平境遇，它鼓励进步，而且不盲

---

① ［美］迈克尔·桑德尔：《公共哲学——政治中的道德问题》，朱东华、陈文娟、朱慧玲译，中国人民大学出版社 2013 年版，第 19 页。

② ［美］迈克尔·桑德尔：《公共哲学——政治中的道德问题》，朱东华、陈文娟、朱慧玲译，中国人民大学出版社 2013 年版，第 173 页。

③ ［美］迈克尔·桑德尔：《公共哲学——政治中的道德问题》，朱东华、陈文娟、朱慧玲译，中国人民大学出版社 2013 年版，第 173 页。

从权威。民主的基础是公共教育实践。

现代社会公民的公共教育实践也是为了能够维护共同体的内在联结。这是由于，新时代产生的新的相互依赖并不一定能够带来新的共同体感。人与人之间联系的方式增多了，但是却未必能成为"邻居、公民同伴、共同事业的参与者"。① 对于民族国家来说，它必须要在认同与自治之间架起桥梁，自治即是指的国家内部公民或组织的自治，而认同则是指的所有公民对共同体的认同。民族国家行使主权是公民的集体认同的基础。而如今的自治却要求"在多重背景中展开——从邻里到全国再到整个世界"②。这就要求公民能够容忍主权分置，能够在多重处境中作为自我而思考和行动。而认同则是要求公民能够在"时而相互重叠、时而相互冲突的义务之间协调出一条道路"，并能够遵从公民美德，容忍多重身份所要求的忠诚而引发的紧张。因此，桑德尔指出，在全球化背景下，当前的政治任务是：培育这些赋予我们的生活以道德特性的地点与故事、记忆与意义、事件与身份的资源，修复民主所依赖的公民生活。共同体的内部联系需要更为理性的联系，而不同于传统的温情脉脉的关系。

就美国社会来说，将国家描述为家庭或邻里的做法，已经不能满足人们对于共同体的渴望。因为国家过于庞大，人们彼此之间的共同之处已经是微乎其微；而由于国家过于辽阔，人们对于公共事务的参与也变成偶然。但是，构建共同体的基本任务是构建以共同体为基础、共同体内部的公共生活。在这一任务之下，政府不可能中立。以政府为中心的公共生活如果缺乏道德内涵和共同理想，便

---

① ［美］迈克尔·桑德尔：《公共哲学——政治中的道德问题》，朱东华、陈文娟、朱慧玲译，中国人民大学出版社 2013 年版，第 24 页。

② ［美］迈克尔·桑德尔：《公共哲学——政治中的道德问题》，朱东华、陈文娟、朱慧玲译，中国人民大学出版社 2013 年版，第 26 页。

不可能完成维护自由等的任务。"一个健全的公民社会之所以重要，不仅因为它提倡文明礼貌（这固然也是令人欣喜的副产品），而且因为它所提倡的习惯、技巧和品德能够使民主社会的公民充满活力。"① 公民社会的每个机构都有其特定的目标，学校作为教育机构，主要是为了培养公民美德，使一个人具备一个好公民的品质。在学校教育中，人们学会了顾及全体的利益，担负对于众人的责任，以合理的方式解决利益冲突，并在尊重他人意见的基础上为自己辩护。总之，公民社会的这些机构使我们摆脱了自私自利的心态，为我们培养了参与公益的习惯。托克维尔就将公民社会看作是民主的基础。"任何重振共同体的努力，都必须与那些蚕食着社会机体的经济力量和文化力量进行斗争。我们需要这样的政治哲学，它探讨什么样的经济秩序最适宜于自治以及维持自治的公民美德。"② 当代美国城市，也是当代所有大的城市的问题是，城市并没有提供共同体的价值，缺乏公共活动的地点，隔离了人与人之间的联系，使得人们之间彼此变得陌生。人们缺乏共同体的生活，只余下了家中的基本生活。当然，对"共同体精神"的理解各有不同。有人将之理解为共同体中生活较为富裕的一部分人对生活较为贫弱的一部分人的照顾，而也有人将之理解为所有人为个体独立和国家的公共事业而共同奋斗的精神。③

在对共同体的实干精神的重视的基础上，公共哲学具有了实用主义的意义，它只是哲学在公共事务上所做的应用，这一视角的好

---

① ［美］迈克尔·桑德尔：《公共哲学——政治中的道德问题》，朱东华、陈文娟、朱慧玲译，中国人民大学出版社 2013 年版，第 47 页。
② ［美］迈克尔·桑德尔：《公共哲学——政治中的道德问题》，朱东华、陈文娟、朱慧玲译，中国人民大学出版社 2013 年版，第 49 页。
③ 参见［美］迈克尔·桑德尔：《公共哲学——政治中的道德问题》，朱东华、陈文娟、朱慧玲译，中国人民大学出版社 2013 年版，第 55－56 页。

处在于，由于公共性并非脱离于社会实际的抽象概念，所以只关注公共问题，而不试图构建关于社会的公共性的哲学体系，更加能够把捉到公共哲学本身所应具有的实践意义。但是这种研究思路对公共哲学本身的研究也会产生阻碍，这是由于，在对于社会不断涌现的、重大的公共问题的实际研究中，由于缺乏及时的总结和概括，容易导致人们虽然不断地在解决公共问题，但只能是从个案出发所形成的碎片见解，而无法回应具有总体性的公共问题。因此，当谈到对较为基本的哲学问题的研究时，迈克尔·桑德尔就又回到了政治哲学的领域，而他所面对的首要问题，就是如何回应美国社会的主流哲学之一——自由主义。

（三）对自由主义的再思考

迈克尔·桑德尔所著的《公共哲学》是被归于政治哲学门类下面的，而它的副标题是"政治中的道德问题"，从题目当中推解，他认为"公共哲学"所关注的问题是政治领域当中有关道德的问题。因此，政治哲学的终极问题也就是公共哲学的终极问题，即"正义和价值以及好生活的本质"是什么。①

对这一终极问题的回应有多种方式，自由主义是其中之一。自由主义是美国社会的主流公共哲学，其义旨在于"自由体现为人们有能力选择自己的目的"，而政治不得致力于公民品格或公民美德的养成，因为"政府的职责在于保护人民的权利，而非促进公民的德性"②。而共和主义则被看作是与自由主义相对立的哲学，其核心思

---

① ［美］迈克尔·桑德尔：《公共哲学——政治中的道德问题》，朱东华、陈文娟、朱慧玲译，中国人民大学出版社 2013 年版，第 143 页。

② ［美］迈克尔·桑德尔：《公共哲学——政治中的道德问题》，朱东华、陈文娟、朱慧玲译，中国人民大学出版社 2013 年版，第 32 页。

想是："自由以参与自治为基础"①。参与自治就要求公民具有良好的公共道德，即对所属共同体有休戚与共的纽带感觉，关心集体，关心公共善，并在一起以商讨的方式共同努力造就政治共同体的前途。因此，共和主义与自由主义不同，它侧重政治对公民品德的养成的促进作用。桑德尔还把对国家的公共事务与公共福祉的关心扩展到了全球，认为如果进步主义的解决方案运用到全球的范围内，那就是需要培养"全球公民伦理"和"全球性邻里关系"②。

约翰·洛克和康德是自由主义政治哲学奠基人。底线论的自由主义对有争议的道德和宗教问题予以悬搁，它在寻求一种"政治的而非哲学的正义观"，也没有"预设任何一种特定的个人观、自治观或其他观念"③。但是桑德尔也指出，悬置道德论证是存在困难的。他在自由主义和功利主义之间做了大量论证，前者较为倾向于康德的义务论，而后者则更倾向于目的论。在他看来，公共生活与自由、功利等息息相关。桑德尔所做的公共哲学的研究视野广阔，与时代保持着较为紧密的联系，尤其注重在对历史的实证分析中阐述相关的政治理念。尽管"公共"一词的含义复杂而宽泛，在具体的公共问题中来加以论述也是正确的路径，但桑德尔的公共哲学缺乏对"公共"进行总结和概括性的阐释，所以他的公共哲学没有完整、独立的论域，这也导致所有的研究都呈现出碎片化的特征，从而不利于成果的把握和理解。

人们无须用道德和形而上学的、先于政治和经验的基础来思考

① ［美］迈克尔·桑德尔：《公共哲学——政治中的道德问题》，朱东华、陈文娟、朱慧玲译，中国人民大学出版社2013年版，第6页。

② ［美］迈克尔·桑德尔：《公共哲学——政治中的道德问题》，朱东华、陈文娟、朱慧玲译，中国人民大学出版社2013年版，第24页。

③ ［美］迈克尔·桑德尔：《公共哲学——政治中的道德问题》，朱东华、陈文娟、朱慧玲译，中国人民大学出版社2013年版，第119页。

自由主义，为获得公民自由，也无须将自己的理论建立在任何具有根本性的权力或社会契约的基础之上，不必尝试得出支配社会基本结构的正义原则，也无须确定一个不受政府干扰的私人领域。"自由在于参与日常生活，这使个体能够实现他们独特的能力。"① 自由不在于在个体权利与共同体的要求之间取得平衡，而在于首先建立一个整体的、具有精神性权威的社会秩序，然后以这种权威教导并指引个体的内在与外在生活。公民自由对社会的重要性体现在它使民主生活所需要的社会交流以及自由探究和争论成为可能。民主提供了延伸至所有社会生活领域和生活方式的社会组织形式，在这种社会组织形式中，个体的全部能力能够被满足、维持和指导。在这样的情形下，教育，即使公民能够适应一个共享的公共社会中的交互责任，就具有极为重要的公共意义。这种社会组织形式是一种在实践中建构的、动态的体系。

所以，在公共生活和私人生活之间，"个人自由只有作为社会生活的一部分才能得到实现"②。优良的社会生活与公民个体的道德和品质是一体的，它们都是对共同善的追求。罗蒂指出，"政治不应当以任何一种特殊的关于好生活的观念为目标，而应当满足于这样一个社会——在这个社会中，人们在公共场合中相互宽容，而在私人领域中追求自己的道德和宗教理想"③。所以，民主不必要去设定任何特定的关于好生活的观念，在此意义上来说，哲学只是对于民主的总结，它不先于民主的实践。在工业社会中，由于人们坚守个人

---

① ［美］迈克尔·桑德尔：《公共哲学——政治中的道德问题》，朱东华、陈文娟、朱慧玲译，中国人民大学出版社 2013 年版，第 174 – 175 页。

② ［美］迈克尔·桑德尔：《公共哲学——政治中的道德问题》，朱东华、陈文娟、朱慧玲译，中国人民大学出版社 2013 年版，第 177 页。

③ ［美］迈克尔·桑德尔：《公共哲学——政治中的道德问题》，朱东华、陈文娟、朱慧玲译，中国人民大学出版社 2013 年版，第 177 页。

主义、机械力量统治社会，所以，"大社会的机械时代侵蚀并部分地瓦解了以往时代的小共同体，而同时又没产生一个大的共同体"①。这些新型的社会关系和科技带来了新的、更为广泛的相互依赖的关系，但是人们并没有因此而获得对共同目的和追求的参与感。在新科技的组织手段中，人们聚集为巨大的潮流，但这一潮流暂时未能形成相应新兴的政治共同体。而且，"大量的聚集起来的集体行动本身并不等于构成了一个共同体"②。

桑德尔以对罗尔斯的政治自由主义的分析和批判作为《公共哲学》的总结性探讨。无论是自由主义，还是共和主义，都是理性运用于公共事务的产物，也即是公共理性的一种表现形式。在桑德尔的语境中，公共哲学就是政治哲学，这也是西方思想史中"公共"的古典含义。这意味着，一切通过分析和阐释哲学观念、运用哲学论证方法对公共问题的研究，都可以称作公共哲学。

四、对西方公共哲学的总结

时至近代，现代西方也有公共哲学研究的新成果，对新的公共问题作出了回应。Robert E. Goodin 继承了实用主义的传统，主要从家长作风、社会福利政策、国际伦理、核武器军备以及对环境危机的国际反应等方面来论证实用主义是解决公共政策困境的极佳工具。James Tully 则在政治与法律理论的基础上提出了公共哲学，以作为思考积极公民权、公民自由的新途径。他通过一步步地经过当代政治理论的主要辩论和当前政治斗争的主要类型来展开论述，研究针

----

① ［美］迈克尔·桑德尔：《公共哲学——政治中的道德问题》，朱东华、陈文娟、朱慧玲译，中国人民大学出版社 2013 年版，第 178 页。

② ［美］迈克尔·桑德尔：《公共哲学——政治中的道德问题》，朱东华、陈文娟、朱慧玲译，中国人民大学出版社 2013 年版，第 178 页。

对全球或帝国关系的不平等、独立、剥削和环境恶化的斗争，企图唤起所有人关于全球和本体公民权的共识，这对当今思想界提供了至关重要的、有力的结论。总之，公共哲学的内在思想古已有之，在当代西方，尤其在战后社会，它才逐渐成为独立话题得到学者的广泛探讨。根据以上的梳理，公共哲学一般包括如下几个基本方面：

第一，战后的西方社会必须要反思国际关系的问题，而国际关系的问题又本根于全球视野下人与人之间的关系的问题。人与人之间的关系的本性是什么，到底是竞争还是合作，如何实现全球的长久和平已经成为西方思想家不得不面对的问题。尽管在处理国际问题时，政治家依然在关系理念的视野里转换缓慢，但是学术界已普遍提出处理国际关系和民族关系必须要由原本的敌视和对抗的观念转向理解和合作的观念。

第二，战后西方社会在恢复国家秩序的过程中，面临了资本主义发展到新阶段的新问题，包括如何处理国家干预与市场经济之间的关系、如何处理公共生活与私人生活之间的关系，这就使得一系列公共政策的制定过程、制定主体乃至于公共政策本身都需要重新得到检视。这个时候，如何真正在福利国家中保障民主原则的贯彻，就成为西方国家体制发展的最大问题。

第三，随着资本主义的发展，环境问题日益突出。在资本主义发展的早期阶段，由于自然环境的承受力还没有得到重大挑战，且开采自然资源的手段较为初级，整个社会仍然处于比较平稳的发展阶段。但是在二战之后，随着每个国家急于恢复经济，人口增长迅速，对于自然资源的需求量激增，而且由于战争期间产生的许多新技术被用于开采自然资源，也使得人们开发资源的能力大大提高，这就给生态环境带来巨大压力，随之生态问题也成为资本主义国家所面临的重大问题。伴随着资本主义世界市场的形成，发达国家将污染严重的工厂迁往较不发达的国家和地区，并就地开采这些国家和地区的自然资源，这就导致了发达国家经济发展的环境压力向不发达国家和地区转移，从而使得生态危机成为全球性问题。在这一阶段，整个世界要么就是发达的资本主义国家，要么是沦为原料产地和产品加工地的发展中国家，而资本主义工业所造成的生态危机就通过原料、生产过程和产品等环节对全球造成影响，从而生态危机也成为全球问题，成为每一个国家必须联合起来共同对待的问题。

第四，由于传统社会的解体，现代性以及后现代性的侵蚀，在前现代社会基础上形成的共同体渐渐解构为原子家庭，人与人之间内在的、精神的联系逐渐淡化，取而代之的是社会结构性的外在联系。人们逐渐形成了现代的私人生活，将个体经验牢牢守在公众眼光之外。但是，由于启蒙思想的延续，个人主义、自由主义仍然比集体主义、共和主义有着更为广泛的民众基础，公共道德受到挑战，公共价值渐至沦丧，社会失范，人的心性秩序面临崩溃。在这样的社会中，公共生活的价值虽然得到重视，但却缺乏建构路径。人们往往只是将公共生活当作私人生活的基础和工具，而并不欲将之作为最为根本的生活形式。这就使得人们不得不考虑构建公共生活的问题。而构建公共生活，将围绕的根本性问题是如何持续构建公平正义等价值理念。

总体来说，起源于西方的公共哲学总是面临着西方社会发展的政治和社会的实际问题，始终具有实用主义的色彩，它来源于公共政策又反馈于公共政策，同时涉及国家内部、国际的一切公共问题，可以说，西方的公共哲学是与西方的民主制度结合较为紧密的、工具性的哲学形态。

第二章

社会公共性的历史特征

公共性是人类社会的本质特征，在不同的时代、不同的社会环境中有着不同的特征，每个时代都面对着属于本时代的紧迫的、亟须回应和解决的公共问题。总起来说，公共性特征反映了人类不同历史形态的共同体的特征，表现为不同发展阶段的共同体的管理方式、交往模式、组织原则和文化意识方面的差异，并且在不同时代总会在不同的特定领域中表现出来。

一、原始社会的人群共同体的公共性特征

（一）共同体的组织形式

路易斯·亨利·摩尔根的《古代社会》可以给研究原始社会条件下的公共性特征提供资料，其中指出原始社会的共同体主要包括氏族、胞族、部落、部落联盟的组织形式。不争的事实是，人类自产生时起就过着群居生活，因此总是组成一定的共同体。但是，原始社会的人类与共同体之间的关系是，人类就是共同体，在共同体中鲜有"个体"的概念。原始社会的共同体是最古老的有系统的组

织，"我们称之为社会组织，其基础为氏族、胞族和部落"①。在共
同体中，个人与共同体之间是直接同一的。"在氏族社会里，政府与
个人之间的关系是通过个人与氏族、部落的关系来体现的。这些关
系纯粹属于人身性质。"② 也就是说，组织管理方式完全与个人同氏
族、部落之间的直接关系相同一。氏族是人类的时代最古、流行最
广的制度，一直存在到政治社会建立，即文明产生之后。氏族本身
也经历了从低级状态向高级状态转变的过程。"氏族就是一个由共同
祖先传下来的血亲所组成的团体，这个团体有氏族的专名以资区别，
它是按血缘关系结合起来的"，也就是说，氏族成员属于同一世
系。③ 对于氏族世系来说，一开始是由母系来继承的，后来才转化
为父系，而且氏族成员的遗产继承也逐渐从本氏族成员缩小到同宗
亲属直到子女。

胞族是由有亲属关系的几个氏族为了共同目的而结合在一起的
集团。部落是若干氏族组成的集团，一般分组为一些胞族，特点是
全体部落成员操同一种方言。而部落联盟是部落的松散结合，并且
语言也并不统一。民族则是"在一个共同领域内联合诸部落而形成
的一个氏族社会的集团"④。氏族组织是建立在婚级之上的。⑤ 氏族
内部也有基本的规则禁忌，即强调亲属的团结，以及禁止氏族内部

① ［美］路易斯·亨利·摩尔根：《古代社会》，上册，杨东莼等译，商务印书馆，
1977 年版（2012 年重印），第 71 页。
② ［美］路易斯·亨利·摩尔根：《古代社会》，上册，杨东莼等译，商务印书馆，
1977 年版（2012 年重印），第 71 页。
③ ［美］路易斯·亨利·摩尔根：《古代社会》，上册，杨东莼等译，商务印书馆，
1977 年版（2012 年重印），第 72 页。
④ ［美］路易斯·亨利·摩尔根：《古代社会》，上册，杨东莼等译，商务印书馆，
1977 年版（2012 年重印），第 76 页。
⑤ ［美］路易斯·亨利·摩尔根：《古代社会》，上册，杨东莼等译，商务印书馆，
1977 年版（2012 年重印），第 62 页。

通婚。氏族成员共同劳动，共同享有劳动产品和抵御外敌。

部落最为重要的特征在于其成员虽然来自不同氏族，但是却使用同一种方言。大量的氏族是通过联合成为部落而不断拓展自己的生产和生活领域的。一个部落共用一个名称，共居同一块领地，他们所使用的同种方言也是这一部落所独有的。战争也往往是在不同部落之间发生的，原则上来说，"每一个部落对于未与它缔结和平协定的任何部落都处于交战状态"①。军事行动一般采取自愿参加的原则。部落会议已经初步具有了各种外交职能。

部落联盟是自然产生的。"一个部落一旦分化为几个部落之后，这几个部落各自独占一块领土而其领土互相邻接，于是它们便以同宗氏族为基础，以方言接近为基础，重新结合成更高一级的组织，这就是联盟。"② 联盟依旧吸收了亲属感情作为共同体的黏合剂，它的形成基础是同宗氏族和共同方言。联盟制度的团结原则固然有着相互保卫结成同盟的公共利益的考虑，但根深蒂固的基础存在于血缘关系的纽带之中。"联盟在表面上是建立在部落的基础上，而推原溯始其基础实在于共同的氏族。"③ 他们最重要的身份标识就是联盟成员。"联盟是趋向于民族形成的过程中的一个阶段"，在这种氏族组织下产生了民族性。④ 这是一个"必须经历的、极关紧要的进步

---

① ［美］路易斯·亨利·摩尔根：《古代社会》，上册，杨东莼等译，商务印书馆，1977 年版（2012 年重印），第 131 页。
② ［美］路易斯·亨利·摩尔根：《古代社会》，上册，杨东莼等译，商务印书馆，1977 年版（2012 年重印），第 140 页。
③ ［美］路易斯·亨利·摩尔根：《古代社会》，上册，杨东莼等译，商务印书馆，1977 年版（2012 年重印），第 149 页。
④ ［美］路易斯·亨利·摩尔根：《古代社会》，上册，杨东莼等译，商务印书馆，1977 年版（2012 年重印），第 151 页。

阶段，通过这个阶段才能最后形成民族、国家和政治社会"①。

但是，部落联合而成的民族毕竟不是国家，因为国家的基础是地域而非人身，是城邑而非氏族，城邑是一种政治制度的单元，氏族则是一种社会制度的单元。从根本上来说，血缘关系依旧是一种以人身为基础的联系，它是个人与个人的联系，但是地缘关系就是指的个体之间的并存关系，地缘关系才是更为完整的公共性的基础。除地缘关系逐渐代替血缘关系之外，氏族内的财产继承权也发生了变化。随着财产继承权收缩到子女手中，个人财产已经开始大幅度增长，这时，财产的增长也就成了一种具有决定性作用的因素，又由于城郭内聚居的人口不断增多，这两者慢慢显示出了对政治社会的需要。当社会趋近文明阶段时，以血缘为基础的氏族制已经无法满足社会发展的需要，人们的组织方式逐渐转为以地域和财产为基础的国家，在此，乡区和地区也就代替氏族占据一定土地。

古代人类生活在共同体中是完全自然的，他们的个体生命与共同体生命是合而为一的。所以，可以说，现代意义上的个人与社会的矛盾完全是近代的产物，这一矛盾在古代并不存在，或并不突出。根据瞿同祖的分析，"在氏族社会中所有的人都有相当血统关系——至少他们心目中都如此想，彼此认为是一个祖先的子孙，是同类的兄弟，没有什么歧异"②。故而，对于氏族社会中的成员来说，"他们的地位都是自由平等的，共同享受公产的利益，共同生活着。他们对酋长的关系，是属于血缘的。酋长只是全族的代表人而已，他

---

① [美]路易斯·亨利·摩尔根：《古代社会》，上册，杨东莼等译，商务印书馆，1977年版（2012年重印），第152页。
② 瞿同祖：《中国封建社会》，上海人民出版社，2005年版（2006年重印），第25页。

们之间并没有任何阶级的差异"①。

　　既然古希腊社会一般被当作对公共性的研究的起点，那么考察一下古希腊社会的氏族也是非常必要的。古希腊同样具有氏族、胞族和部落，而且，"人民是自由的，制度是民主的"②。除氏族社会的一般特征外，古希腊的社会状态则更为进步，这或许是"由于他们的宗教制度更得到充分发展所产生的"③。自然地，古希腊社会中成员具有公共的宗教仪式、公共墓地、公共土地、公共财产，而且也具有互相继承已故成员遗产的权利。"在氏族社会的组织中，氏族是基本组织，它既是该体系的基础，又是其单元。家族也是一种基本组织，它比氏族更古老；伙婚制家族和血婚制家族在时代顺序上均早于氏族；但家族在古代社会中并不是组织体系中的一个环节，正如它在近代社会中不是组织体系的环节一样。"④ 家族与氏族并不重合。尽管如此，氏族也以家族为其存在的前提条件，他所依据的就是认为的类推将家族扩大化，但是它扩充了组织的基础，又在血缘联系之上增加了宗教信仰和具体盟约，所以能够包容不同血缘的外人。而且在氏族中，家族会繁衍、衰微和灭绝，相较之下，氏族却保持稳定。

　　胞族是希腊社会制度中的第二层组织，它主要是若干氏族由于宗教上的共同目的联合在一起而形成的。组成胞族的氏族都是兄弟

---

① 瞿同祖：《中国封建社会》，上海人民出版社，2005 年版（2006 年重印），第 26 页。

② ［美］路易斯·亨利·摩尔根：《古代社会》，上册，杨东莼等译，商务印书馆，1977 年版（2012 年重印），第 251 页。

③ ［美］路易斯·亨利·摩尔根：《古代社会》，上册，杨东莼等译，商务印书馆，1977 年版（2012 年重印），第 257 页。

④ ［美］路易斯·亨利·摩尔根：《古代社会》，上册，杨东莼等译，商务印书馆，1977 年版（2012 年重印），第 266 页。

氏族，胞族团结的基础主要是共祖关系、通婚以及共同的宗教仪式。这种共同的宗教生活对希腊文明的产生具有重要作用。第三层组织就是部落。社会组织的第四个阶段，则是在氏族社会中合并为民族。虽然民族它不过是像部落一样但更为复杂的复本而已，但是它有了专名。

社会的发展超出了氏族的范围，而且一个氏族、胞族和部落的成员也越来越难以聚居在一个地域之内。早期氏族、胞族、部落各有其共有土地，而且人们按氏族、胞族、部落而分地区聚居。但当土地变为私有财产之后，它就不再为氏族、胞族和部落的活动范围所限制了，人们发展出了聚居城郭的新的地缘性联系。雅典发展出了"乡区"，这是"雅典社会的新组织单元"，是一个民主组织。"雅典人以一个民主组织作为出发点，把政府置于该组织的公民掌握之下，任何一个民族如希望建立一个自由的国家就必须从这样的出发点开始。"① 在此之上，雅典人创立了以地域和财产为基础的雅典联邦，即雅典国家。这就用地域结合代替了人身结合，它奠基于永久地域和地域化的财产，并且通过地域关系来和公民打交道，人民从血缘关系中挣脱出来，联合成为政治团体。氏族和胞族作为私人联系退入私人领域，至此，国家的公共生活也得以形成。

（二）共同体的组织原则

无论是氏族、胞族，还是部落和部落联盟，其基本的组织原则都是民主。首要的，原始社会的共同体的权力是属于全体共同体成员的。氏族有一定的"氏族法"，主要用来规定氏族成员的权利、特权和义务。在氏族法中，最为重要的是氏族成员选举和罢免氏族首

---

① ［美］路易斯·亨利·摩尔根：《古代社会》，上册，杨东莼等译，商务印书馆，1977 年版（2012 年重印），第 311 页。

领的民主权利以及相互保卫和扶助的公共义务。平等、博爱是氏族的不成文规定，决定氏族大事也是通过共同的氏族会议。氏族首领的位置属于氏族本身的一部分，而并不与特定的氏族成员联系在一起。换句话说，首领的地位是公有的，面向所有成员开放的，而且其主要的工作也是为本氏族的公益服务。国家在此时并不存在，而且其组织原则基本是民主。

各氏族也对部落首领和酋帅有选举和罢免的民主权利。与氏族不同的是，部落产生了较为正式的政府，即酋长会议，"这样的政府机构，虽然在形式上是寡头的，实际上却是代议制的民主政体"①。氏族成员间的兄弟关系，职位的选举原则，就是民主制的根苗和基础。"保护全部落的公共利益，这是酋长会议的责任。"② 人们有到酋长会议上发表对于公共问题的意见的自由权利。甚至由于部落会议不能经常召开，又会设置一个正式的领袖，以应对随时出现的问题，这就是部落大首领。但是部落大首领的职责和权力都极为有限，主要的公共权力依旧由部落会议掌握。所有的政府职务都是伴随着联盟需要产生的，而且其基本的结构原则是权力平衡。原始社会的部落及其联盟是民主制的"原始型范"，"组成联盟的一个公开目的就是维持和平"③。这是为了消除部落之间常有的战衅倾向。

尤其值得注意的是，每一个首领职位有着特定名号，它也是每一个就任者在任期内的名字，更加现实了这个首领职位本身属于联盟，而不属于某个特殊个人。并且，部落首领的公共身份高于个人

---

① ［美］路易斯·亨利·摩尔根：《古代社会》，上册，杨东莼等译，商务印书馆，1977 年版（2012 年重印），第 130 页。

② ［美］路易斯·亨利·摩尔根：《古代社会》，上册，杨东莼等译，商务印书馆，1977 年版（2012 年重印），第 130 页。

③ ［美］路易斯·亨利·摩尔根：《古代社会》，上册，杨东莼等译，商务印书馆，1977 年版（2012 年重印），第 165 页。

身份，它遮蔽个人身份。首领"并非自身具有统治权力的主宰者，而是由氏族自由选举出来的代表"①。构成联盟的部落之间疆域明确，各自独立，彼此利益并不一致。联盟中各部落的权利、特权和义务方面均处于平等地位。在联盟会议中，每个部落都有权否决另一部落的意见，每个部落的首领都拥有平等的发言权。联盟会议是"一种原始型的代议制民主政治。一种强有力的民主精神弥漫于整个集体之中，并影响其活动"②。人民有权选择自己推选的发言人在大会上发言，而且在兵役方面自愿从军。在人类文化向下一阶段发展的过程中，"民主原则乃是氏族社会的基本要素"③。当人们联合成为一个民族之后，人口大量增加，才产生了人民大会作为政府机构。这个政府机构高于酋长会议的权力。酋长会议也不再负责通过重要的公共措施，而转化成为一个预先筹备会议。所有的法案也必须通过人民大会才能生效。人民大会就成为民族的公共权力的最高机关，这是后来政治社会的政府机构的基础。

氏族社会永远无法自然诞生出王国，这是因为专制与氏族社会的组织原则是根本相反的。因为氏族社会的原则是民主制。部落联盟是以同宗氏族为基础，由多个部落组成的，它处于一个建立于平等基础上的政府的领导下。平等保证了民主原则的实现。联盟设立有首领全权大会，不仅参与大会的首领的名额受到限制，而且不同的首领之间级别与权威一概平等。全权大会是联盟的公共权力的最高机关。联盟首领与各部落酋帅一起组成各部落会议，以决定本部

① ［美］路易斯·亨利·摩尔根：《古代社会》，上册，杨东莼等译，商务印书馆，1977 年版（2012 年重印），第 160 页。

② ［美］路易斯·亨利·摩尔根：《古代社会》，上册，杨东莼等译，商务印书馆，1977 年版（2012 年重印），第 159 页。

③ ［美］路易斯·亨利·摩尔根：《古代社会》，上册，杨东莼等译，商务印书馆，1977 年版（2012 年重印），第 159 页。

落内部一切事务。每一项公共法令必须得到联盟会议的一致通过。而且，在这种决议的程序中，首领全权大会是按部落为单位投票的，因此，部落之间投票也相互独立。"任何人都可以在全权大会上发表演说来讨论公共问题；但决定权属于大会。"① 联盟会议处理有关公共福利的一切事务，而且还是倡导联合起来举办公共宗教仪典的公共会议。较为独特的是，联盟无最高行政长官或首脑，但是为维护联盟的安全，维持对外战争能力，设置了最高军事统帅。军事统帅有两名，且权力平等，这两位军事酋长就可以相互节制。

　　"原始的希腊政治基本上是民主政治，它的基础是建立在氏族、胞族、部落这些自治团体上的，并且是建立在自由、平等、博爱的原则上的。"② 古希腊社会中的氏族也具有公共财产、公共墓地，而且具有选举或罢免氏族部落首领的权利，这既反映了对于财产的共同所有权，也反映了民主的权利。在古希腊社会中，氏族是第一层组织，胞族是第二层组织，部落就是第三层组织。在部落中，最高酋长兼具宗教和司法的职能，但他并不是国王。"君主制度同氏族制度是不相容的，因为氏族制度本质上是民主制度。每一个氏族、每一个胞族、每一个部落，都是一个组织完备的自治团体"，即使是组成民族，其政府组织原则依旧是民主原则。③ 英雄时代的雅典民族有三个不同的权力机构，即酋长会议、人民大会、军事总指挥官，这三者在某种意义上是平等的。酋长会议是古希腊氏族社会制度下的永久性组织，他是一个立法团体。"酋长会议是最主要的机构；这

---

① ［美］路易斯·亨利·摩尔根：《古代社会》，上册，杨东莼等译，商务印书馆，1977 年版（2012 年重印），第 145 页。

② ［美］路易斯·亨利·摩尔根：《古代社会》，上册，杨东莼等译，商务印书馆，1977 年版（2012 年重印），第 286 页。

③ ［美］路易斯·亨利·摩尔根：《古代社会》，上册，杨东莼等译，商务印书馆，1977 年版（2012 年重印），第 280 页。

个时代的希腊人是自由自治的民众，他们生活在基本上是民主的制度之下。"① 后来才产生了人民大会，它对酋长会议的公务措施方案有最后决定权，这是出于酋长们对舆论协商和维护自身威信的需要。军事总指挥官则是军事民主制之下的最高统帅，并且要受到酋长会议的监督。

直到后来古希腊人建立以地域和财产为基础的新政治体制时，他们依旧建立的是纯粹民主制的政府，民主已成为民族习俗和惯例。这种习俗和惯例的关键在于注意到了所有个人、所有部落和民族所共同具有的心灵，由于每一个心灵的能力有限，所以必须遵循彼此一致的途径，以发挥共同作用。这种心灵活动把不同地区和时代的人类共同经验连缀成为一条逻辑贯通的索链，这正是人类共有思想的基础。

在古希腊氏族社会发展的高级阶段，已经出现了稳定、发达的农业和畜牧业，也出现了大量的商品贸易和地产、房产，最为重要的是，城郭作为人们最重要的公共场所已经形成。从而，这对政治艺术也提出了新的要求。这时候，政府权力进一步分化，成文法代替习俗成规。氏族关系被打破，贵族政治渐渐发展起来。但此时的贵族政治依旧服从民主原则，"雅典部落对他们最重要的官职改而规定任期的年限，并让若干候选人进行竞争"②。人民大会更加突出，对公务产生有力的影响。人民被按照财产数量划分为不同阶级，财产和地域成为政治社会的基础，氏族则开始消亡。"所有的自由民，即使不属于任何氏族和部落的，现在也成为公民和人民大会的成

---

① ［美］路易斯·亨利·摩尔根：《古代社会》，上册，杨东莼等译，商务印书馆，1977 年版（2012 年重印），第 282 页。
② ［美］路易斯·亨利·摩尔根：《古代社会》，上册，杨东莼等译，商务印书馆，1977 年版（2012 年重印），第 302 页。

员"，并有投票权、质问权以及赞同或否决元老院提交他们表决的一切公务法案的权力，"因此，也就在一定程度上参加了政府"①。

新形成的雅典城邦中没有最高行政长官，"人民大会掌握实权，决定雅典的命运。给国家带来安定和秩序的新因素是享有完全自治权的乡区和地方自治政府"②。雅典人民学习自治之术，维护平等的法律和平等的权利与特权，保证政府只能拥有进行一般行政管理、即公共管理的职能，而除国家所必需的一切社会权力必须掌握在民众的手中，由人民自治，而且对于政府的行政管理本身也掌握控制权。这是较为彻底的民主原则。

（三）共同体的意识特征

在原始社会，社会意识的突出特征表现在人们只有关于自己所属的氏族、部落的身份归属观念，并不存在关于人类的普遍的类的观念。尽管在每一个共同体之中，人与人紧密相连，成为一个整体，但是一旦脱离这个地域和血缘关系，人甚至不被当作人来看待。有学者指出，在原始社会早期，一个共同体内部的人并不把其他共同体的人当作和自己一样的人，换句话说，他们并没有"人"的普遍概念，而只有"同类"的概念。只要不是"同类"，那么抢夺对方的财产，甚至将之作为食物，都是可以的。所以在古代的原始时期乃至现代的某些原始部落，他们是没有"人"的概念的，他们只是遵照是否属于"同类"的标准，来判断是否需要劫掠、杀死甚至食用对方。"非我同类的异族人……是被认为异类的仇敌的，绝不能以自由平等相待遇。遇见时便想他们将要谋杀我们，侵夺我们的财产。

---

① ［美］路易斯·亨利·摩尔根：《古代社会》，上册，杨东莼等译，商务印书馆，1977年版（2012年重印），第305页。

② ［美］路易斯·亨利·摩尔根：《古代社会》，上册，杨东莼等译，商务印书馆，1977年版（2012年重印），第316页。

所以异族相遇，战争是不免的结果。战争中杀戮异族极其凶残。有时也饶恕了俘虏的死罪，但绝不会好好地将他们释放，或引以为朋友的，而是以他们为奴隶，与牛马同等待遇，使他辛苦操作。"①

　　因为共同体的形式是小团体，它总是局限于一定地域和一定血缘关系的，整个世界中就散落着一个个小的团体。此时的人们并非自觉地意识到应当维护公共利益，遵守公共规则，而是由于他们的意识当中根本对"氏族部落的"和"自我的"之间没有区分，也就是说没有形成基本的公私观念。他们没有"自我"的观念，原因在于当时的私有财产尚未达到能够在个体手中积累的地步。在部落之间的战争中，产生了大量俘虏，而随着生产力水平的提高，不同人之间的生产能力也开始分化，这就造成了最早的物质产品的不均和社会关系的不平等。生产能力较低的人群逐渐沦为生产能力较高的人的奴隶，如同被俘的其他部落成员一样。这样，生产能力较强的人逐渐积累了财富，而且在财产的不均分配中，人们也由此产生了个体间的差别的意识。差别意识是产生"自我"观念的基础。自我观念的产生导致了共同体中个体意识的产生，这才使得人意识到公私有别。所以，在原始社会早期，人们并无维护共同体利益还是维护自我个体利益的观念，他们天然地都将共同体看作自己的身份，事实上，此时的群体与动物的群体在组织模式上并无本质区别。

　　"人"的普遍概念，乃是最早在原始社会末期或封建社会早期形成的。也可以说，"人"的概念一经形成，最广泛的公共性——人类的公共性——也就在观念中逻辑地先在了。因为"人"是对一切人类的总体性概括，也即对人类一般特征的概括，实质上是认为人类

---

①　瞿同祖：《中国封建社会》，上海人民出版社，2005年版（2006年重印），第26页。

都具有共同的一般特征，将人的特征看作人类的公共属性，将人类看作共同体，而其中的人都是自己的"同类"。正是有了同类的思想，才产生了"平等"的观念；然而也正是有了同类的思想，也才产生了异类的意识。所以，人类的普遍类观念的产生伴随着人类将自身与自然界分离的自觉，这既是人类真正从自然界中独立出来的开始，也是人类将自然界当作自己的劳动对象的起点。从此，在人类与自然界之间才产生了共处或敌对的关系。只不过，在原始社会时期，由于生产力的低下，人类依旧是以恐惧的心理面对自然界，所集中考虑的问题是如何抵御自然界的各种侵害，尚未涉及与自然界和平相处的需求。因此，此时的人们非常重视共同体，强调团结和互助，其实际基础是人们联合起来以保障生存的需求。

在此基础上，我们不能说原始社会的人已经具有了民主意识，因为所谓的民主意识针对的是前现代的专制极权所说的，在原始社会还不存在专制极权的问题，所以当时人们并没有关于民主的自觉意识，这是他们将个体存在与共同体存在合一的意识的结果。他们之所以实行民主体制，是由于他们并未意识到"公共的事"和"自我的事"之间的区别，而是将公共事务当作自己的事务，所依据的是动物性的天然的平等意识，而不是经过思考而自觉选择的产物。虽然原始社会中民主原则及其制度已渐具雏形，但是，民主只是群体的自然倾向。然而，它与近代民主完全不同。近代民主是建立在个体基础上的，尤其是建立在财产的私人占有基础上的。原始社会的民主意识强调全部成员所聚合成为的整体，而不是强调共同体中每个成员的独立的权利。

二、封建社会的政治、经济与文化的公共性特征

（一）封建社会政治治理的特征

以中国为例，封建社会在政治上最为突出的特征是天子将国家的统治权分为地域性的统治权，从而分封给各个诸侯。"所有人民与土地既为周室所获得，整个的是属于天子一人的。但因领土太多，人民众多，一个人的精力实在管不到，于是大封诸侯。"① 因为地域如此广大，而受封的人数又过于众多，随着后代的繁衍，天子与受封者之间、受封者彼此之间的血缘联系也越来越淡薄，因此，天子、受封者、平民之间的关系便逐渐由血缘关系变成为君、臣、民之间的制度化关系，从而这些身份也不再针对特殊个人，而只是针对具有社会政治功能的国家制度体系中的位置。君、臣、民便被组织入威权体系和国家制度当中，国家制度这种公共的存在，也就对每一个特殊的个人具有了先在的意义。

受封的诸侯包括同姓诸侯和异性诸侯，从历史上来看，天子最为重视的主要是同姓诸侯，即通过私人之间的血缘关系来稳固公共的政权体系。这种以私人血缘关系来作为政治结构的基础的做法，在中国历史上屡见不鲜。受封的诸侯各带着自己的族人亲属去治理受封的土地人民，这种政治完全是"分化政治"，中央不过问，诸侯与天子之间的关系仍很密切。② 诸侯对天子所负有的贡赋赋役的义务，就是一种公共义务。这种贡赋及役，意在表明天下仍然是公共的天下，而不是分给各个诸侯的私家的天下，诸侯治国只是代表天

---

① 瞿同祖：《中国封建社会》，上海人民出版社，2005 年版（2006 年重印），第 28 页。

② 瞿同祖：《中国封建社会》，上海人民出版社，2005 年版（2006 年重印），第 65 页。

子的公权力的一部分。诸侯与天子的联系表明天子仍然是天下之
"共主"。宗法制度盛行于天子、诸侯、卿大夫阶级，这是由于他们
的私家之事就是人民的公事。因为血缘的继承关系决定了由谁来进
入政治结构的相应位置。

从历史的发展过程来说，在封建制时期，众多的小部落被整合
进更大的政治共同体，乃至被整合进一个统一的国家，但是，以中
国社会早期的夏商时期为例，移徙生活造成人口的流动性太大，人
们难以形成稳定的社会关系，因此人与人之间的联系尚属自然联结，
而难以看作是公共生活。正是由于农业经验和技术的提高，人们才
能在一块土地上谋取永久的食料，过上安定的生活。"生活安定后，
人口才能繁殖起来，才能有村落都邑，人们才有余暇来发展经济以
外的文化和社会生活。"[1] 在古希腊城邦中也出现了相当的情况，公
民无须为自己的生活而担忧，才能腾出时间专门参加公共生活，即
政治生活。而在古希腊城邦中，私人财产的意义也在于赋予人一定
的公民地位和生活资料，以保证每个人参与公共生活的物质基础。

在秦朝以后，统治权力集中于中央。庶人当中，只有士民有将
来做官的资格，而农、工、商、贾则没有这种机会，他们是纯然的
被统治阶级，所能做的，最多就是消极地议论政治。[2] 这意味着，
庶人参与政治生活的范围是非常小的，也就基本上没有形成公共生
活的可能。而庶民的议论能否对政治发生影响，则完全取决于统治
者个人的经验、政德、智慧等。但是庶民又承担着不可推卸的兵役，
即维护国家和政权稳固的义务。可以说，封建时代是权利与义务不

---

① 瞿同祖：《中国封建社会》，上海人民出版社，2005 年版（2006 年重印），第 22
页。

② 参见瞿同祖：《中国封建社会》，上海人民出版社，2005 年版（2006 年重印），
第 170 页。

对等的社会，负有公共责任的庶民并不享有相应的公共权利，而拥有公共权利的贵族则依靠庶民履行社会的公共义务。至于财政部分，"国家的收入，最主要的部分是农民勤耕所纳米粟，是食的来源"①。也就是说，国家的财政收入也是农民的公共义务。而且国家对各种天然资源具有天然的占有和使用权。

（二）封建社会的经济关系特征

封建社会经济关系的决定性因素是分封土地制度。诸侯不仅会得到土地的赏赐，而且会受赐人民、臣仆、奴隶。诸侯的国邑就可以看作是在天子疆土内的相对独立的小型政治共同体，它拥有独立的政权机关、法律、道德等规范，也只向天子负有缴纳岁赋和受征兵役的义务。封邑主对他的封地有绝对的私有权。他划分出一部分单独留给自己，是为"公田"，而将一部分分给农民耕种，是为"私田"。② 胡如雷则认为，"公田""官田"就是国有土地，"民田"就是私有土地。当时的人民，需要先公而后私，即先要承担对公田的力役。《诗经》中说："雨我公田，遂及我私"，《孟子·滕文公上》："方里而井，井九百亩，其中为公田，八家皆私百亩，同养公田。公事毕，然后敢治私事"。私田只是地主给予农民的一部分土地，使其维持他们的生活。③ 但是，根本上来说，由诸侯所授予的田亩之外，土地再不可分，而且禁止农人将所分与的土地进行买卖或交换。一般来说，受封的土地可以无限期地由自己的后代继承下

---

① 瞿同祖：《中国封建社会》，上海人民出版社，2005 年版（2006 年重印），第 183 页。

② 瞿同祖：《中国封建社会》，上海人民出版社，2005 年版（2006 年重印），第 82 页。

③ 瞿同祖：《中国封建社会》，上海人民出版社，2005 年版（2006 年重印），第 87 页。

去。这个时候，"公"主要就是指的天子相对于诸侯、臣仆、人民、奴隶，或者诸侯相对于自己封地内的诸侯、臣仆、人民、奴隶，"公"不仅描述了权利和义务，它本身反映了一种社会等级关系。而"私"也并非指私人，而是指"私家"。"公"与统治阶层相联系，是拥有统治权力的天子和贵族的特有属性，它对于庶民是一种压迫的力量，农民所拥有的权利也不过是维持最低的生活。贵族要求庶人安于固定的职业分工和居处，不许其迁徙。①

在封建社会之前的阶段中，社会也存在一定的"公产"。在以畜牧业为主的氏族社会中，如殷商时代，牛、羊、土地都是属于全族所有的。只是到了周代，由于农业社会为了耕种及居处的固定，就必须将土地分成很多份给很多人来耕种。而且，国君为了分治和分封子弟的缘故，又将土地分给许多贵族，封建的私产制度便由此而发生。但是，土地私有只是对于贵族阶级而言的，"封建社会便建筑在这种一方面是富有土地私产的贵族阶级，与一方面是领种贵族田地的农民阶级的权利义务关系上"②。

畜牧社会中的共同生活就由于逐渐安定的农业生活而瓦解了。酋长成为天子，他的家属族人成为贵族，而拥有少量土地的人就成为自由民。原来氏族的"血缘团体变成异族相杂的团体，由自由社会变成自由阶级与不自由阶级相对处的社会"，原有的共同生活就由家庭团体的私的生活所取代了。私产以及私家的生活往往为新的社会的公共性的产生创造了条件。原有的公产的分割逐渐打破了血缘在共同生活中所形成的紧密联系，同质化的、浑然一体的共同体生

---

① 瞿同祖：《中国封建社会》，上海人民出版社，2005 年版（2006 年重印），第 150 – 151 页。

② 瞿同祖：《中国封建社会》，上海人民出版社，2005 年版（2006 年重印），第 23 页。

活逐渐稀释成了离散的个别家庭的生活，人与人之间的非理性的情感联结也逐渐理性化为社会的伦理道德规则。伦理道德规则与原始的共同生活中非理性的心理状态有较大不同，因为伦理道德规范是对整个社会的等级规范的描述，它不针对某个个人，而是针对社会当中的一般关系。甚至，伦理道德规范还有压抑个人欲望和情感的要求，如朱熹就主张"存天理，灭人欲"。伦理道德规则的出现事实上意味着人们生活的公共性进一步提高。

中国的封建制度的核心在于"（一）土地所有权的有无。（二）主人与农民的相互关系"①，而"封建社会只是以土地组织为中心而确定权利义务的阶级社会而已"②。从这里可以看出，土地是封建社会最具决定性的社会要素。由于封建社会最主要的经济形态是自然经济，地主、自耕农在广袤的土地上各自受着自己的一份土地，而主要的生活方式则是家庭生活。尽管人们之间保持着一定的、固有的经济联系，服从一套伦理等级关系，遵守共同的道德与法律规范，被组织在同一个国家当中，但是在家庭生活之外，人们的日常联系就非常有限了。而且，中国封建社会受制于"熟人社会"的影响，人与人之间的关系也一般被化约为家庭关系或作为家庭关系的延伸来处理，而非社会的公共关系。况且，由于土地私有以及政府禁止土地买卖，这导致人与人之间的交往与流通变得并不方便，因此使得社会的公共生活难以形成，很多问题就只是局限在家庭内部的私的问题。所以，虽然封建社会当中也存在着公共性，但这只是一种弱公共性，没有持续而普遍的公共生活。尽管如此，这却也不意味

---

① 瞿同祖：《中国封建社会》，上海人民出版社，2005 年版（2006 年重印），第 8 页。

② 瞿同祖：《中国封建社会》，上海人民出版社，2005 年版（2006 年重印），第 8 页。

着封建社会不会出公共问题，例如公产的问题，国家与分封诸侯之间的问题，社会伦理等级问题，以及国家制度的问题，等等。其中，最严重的公共问题，对于中国封建社会特有的历代更迭的历史现象来说，也是最大的公共事件，即政权易主。

政权易主的真正起因在于农民的贫困由特殊状况转为普遍状况，而国家的腐败则由局部状况转化为全局状况。这就使得仅仅关于散落的个人的生活问题转化成为所有国民的生活问题，而原来仅仅局限于一定范围内的侵吞国家财富、滥用国家权力的行为逐渐扩张到整个官僚阶层。本来，不同等级之间除了压迫与被压迫、剥削与被剥削的关系之外就鲜有本质的、必然的联系，彼此都维持在能够保持对方共存的范围内。但是对于中国的封建社会来说，当平民的利益扩张时，例如在中国的重商主义发展时，国家就能够通过强制手段，改变制度的方式，抑制民间力量的增长。但是当皇族、贵族和官僚阶层的利益过分挤压平民阶层的利益时，也就是打破了官民相安无事的平衡状态时，反抗上层的力量就会以个别情绪的方式在平民的个体中积累。而当这种积累达到一定的普遍程度时，原来仅以个体的情绪为载体的反抗力量就会转变成为社会心理层面的反抗情绪，在这种情况下，下层人民的起义就只是一个时间和时机的问题了。

所以，在中国古代社会中，官僚阶层总是以维持官民之间的利益平衡、彼此共存的方式来维护政权的稳固。这一观点可以从一个侧面解释中国封建社会当中的官员道德的功能和一定时期的社会政策。例如，西汉初期所施行的"无为而治"和"黄老之道"，并非真正地是政府毫无作为，单单完全放开民间的生产和发展，而是在面对平民贫弱的情况下，适度地放宽对平民生活的压迫和剥削，使社会由战乱的状态恢复到平衡状态。再例如，中国的为官之道很强调自我约束，这就从一个方面适度地限制了官僚阶层的权益，从而防止因过分欺压民众而带来的社会失衡。官员道德绝不仅仅是私德，而是恰恰服务于封建制度的"公共"道德。平衡与和谐，在中国历史的政治价值当中，始终占有着极其重要的地位。

（三）封建社会"公""私"的文化特征

古代封建社会伦理关系与统治等级有着直接联系，所以"公田"和"私田"有时并不能完全区分。公私不分，可以看作是封建社会的公共性的一种特征。尽管土地是社会中一切人生存和发展的共同基础，但是在占有的形式上，依然是私人占有，只不过在这种占有中发挥了公共的功能。所以，在封建社会中表现为"公"的东西，恰恰是属于统治阶级的"私"的东西，这种"公"的属性主要表现为一般的、普遍的强制力加到平民身上，而不是从所有人民的自主选择中自然生发出来的。在封建专制的社会中，统治阶层的私自行为都有可能造成巨大的社会影响，这是由于他的私人身份与公共身份是浑然不分的，因此在行使职权上，私人的意见与公共职责往往结合起来。而且，作为上层的统治阶层不仅有公共权力统治民众，民众对他们甚至还有私人的依附关系。如此来看，公共性在这一发展阶段的属性是"公"而不"共"，即不是人民的共同选择。而且，中央集权的"公"的方面，体现为对地方的经济、政治、文化等方面发展的强有力的控制。

封建社会中的另外两种引起重大公共问题的公共事件就是经济危机和自然灾害，而两者往往是联系在一起的。因为灾害时常发生，但是在经济危机的阶段，灾害的严重程度会加剧。经济危机一般是伴随着土地兼并发生的，而土地兼并正是源于地主希图获得更多的地租。伴随严重的自然灾害，就会发生灾荒现象，这时，统治者就必须行使"放赈""救荒"等"荒政"的公共职能。自然灾害和经济危机还会造成一定程度的流民流徙现象，改变各地农业生产的分布状况。

　　但是也有学者认为，中国的封建社会包括中央集权的专制时代。① 专制也是公共性的一种体现，它体现的是强制的公共性。专制的公共性体现在强力维护国家统一，强制推行中央政策上，虽然社会参与程度较低，但是却表现了对整个社会的总体的影响力，但唯一的缺陷在于，这种依靠中央集权强制力来维护的共同体，其内部却少有主动相互交流的动力，而对于与他人建立联系存在着一种普遍的社会心理层面的惰性，自给自足的自然经济则更加重了这种状况。自然经济的特点是以家庭为中心的小规模经济，其主要目标亦是满足家庭本身的需要，甚少需要与他人交换和交往，所以长久以来，散落的家庭作坊式的生产难以聚合为社会生产、公共生产。与之相联系的，是中国往往只是存在着分散的村落，难以聚合为大的城市。大的城市可以看作是公共生活扩展和成长的产物。此时，商品生产只是处于辅助、为农业生产服务的地位，而且对政治权力的依附性较强。中国农民"安土重迁"的思想观念也导致人口的流动性不足，不容易打破地域界限，促进交流融合，形成公共社会。

　　中国封建社会时期的城市与资本主义社会的城市既有相同处，又有不同处。从横向的比较来看，二者无一例外都是大量人口、多种生产活动和机构的聚集，而且都毫无疑问地承担着地区性的经济、政治、文化中心的功能。然而，"政治、军事需要是中国封建城市形成的基本原因，但并不否认，这种城市一旦形成之后，内部就必然

---

① 胡如雷：《中国封建社会形态研究》，生活·读书·新知三联书店，1979 年版（1982 年重印），第 142 页。

要出现手工业生产和商业活动"①。也就是说，在中国封建社会中，城市的经济功能是从其政治军事功能上发展起来的，而并不像近代资本主义社会，城市是在普遍的经济交往基础上自然而然发展起来，之后才伴随需要衍生出政治、军事、文化功能的。中国封建城市的一般面貌是"政治、军事意义大于经济意义，消费意义大于生产意义，商业的繁荣远远超过了商品生产的水平"②。在封建城市中，官府手工业规模巨大，但是私营手工业才是城市中最主要的商品生产部门。虽然公共生活并不是封建社会的常态，但这并不代表不存在一定形式的公共生活。例如，市集贸易便可看作偶然的公共交往基础上的经济形式。"郡县城市是政治、军事意义大于经济意义"，而市集和市镇的"经济意义大于政治、军事意义"。③ 但是，受到商品生产和交换的本性的推动，市民不时有反抗政治、军事的封建专制统治的运动出现。

三、资本主义社会的公共性特征

资本主义社会的公共性主要体现在资本主义的商品生产过程中，而资本主义的商品生产的公共性是资本主义社会的政治和文化等一切方面的公共性特征的基础。资本主义商品生产的物质基础是资本等资料，而人的所有的关系则主要是在生产过程中形成的。

（一）资本主义的生产资料的公共性

资本主义来自于自给自足的自然经济的解体，将生产资料从分

---

① 胡如雷：《中国封建社会形态研究》，生活·读书·新知三联书店，1979 年版（1982 年重印），第 249 页。
② 胡如雷：《中国封建社会形态研究》，生活·读书·新知三联书店，1979 年版（1982 年重印），第 252 页。
③ 胡如雷：《中国封建社会形态研究》，生活·读书·新知三联书店，1979 年版（1982 年重印），第 279 页。

散的私人手中集中起来变为社会的生产条件，才能促使以工业为基础的资本主义生产的形成。在前资本主义社会，劳动者对生产资料的私有权是小生产的基础，而小生产又是发展劳动者本人的自由个性的必要条件。然而，只有在劳动者是自己所有的劳动条件的自由私有者的情况下，农民和手工业者才是自由使用自己土地和工具的劳动者。但是，这种自给自足的生产方式是以生产资料的分散为前提的，在前资本主义社会的条件下，"它既排斥生产资料的积聚，也排斥协作，也排斥同一生产过程内部的分工，排斥对自然的社会统治和社会调节，排斥社会生产力的自由发展"，从而会慢慢变成对社会生产力的束缚。① 从而，个人分散的生产资料需要转化为社会的积聚的生产资料，多数人的小财产也要转化为多数人的大财产，这就是资本主义的前史。在这个过程中，劳动进一步社会化，土地和其他生产资料也进一步转化为社会的即公共的生产资料。"规模不断扩大的劳动过程的协作形式日益发展，科学日益被自觉地应用于技术方面，土地日益被有计划地利用，劳动资料日益转化为只能共同使用的劳动资料，一切生产资料因作为结合的、社会的劳动的生产资料使用而日益节省，各国人民日益被卷入世界市场网，从而资本主义制度日益具有国际的性质"②，这就是资本主义的公共性的集中体现。

资本主义原始积累的过程正是将封建社会的分散的私人土地集中起来，并把农民赶走，从而造成了大量的无产阶级，这是为资本主义生产方式奠定基础的变革。也就是说，这些封建主对农业工人所依赖的公有地的掠夺，使得这些农业工人转化为雇工，而原有的

---

① 《马克思恩格斯文集》（第5卷），人民出版社，2009年版，第872页。
② 《马克思恩格斯文集》（第5卷），人民出版社，2009年版，第874页。

自耕土地转化为资本。同时，这个过程也为资本主义农业抢得了地盘，"使土地与资本合并，为城市工业造成了不受保护的无产阶级的必要供给"①。资本家最初就是从租地农场主中产生的，在此基础之上才产生了工业资产阶级，其中公共信用制度发挥了重要作用。公债，即国债使得货币直接转化为资本，利用国家的信用作为基础。随着国债的产生，还出现了国际信用制度。

生产资料的集中和劳动的社会化是两个矛盾的趋势，资本的集中伴随着工人的反抗，在矛盾激化到一定程度时，资本主义的制度也就要崩溃。"从资本主义生产方式产生的资本主义占有方式，从而资本主义的私有制，是对个人的、以自己劳动为基础的私有制的第一个否定。但资本主义生产由于自然过程的必然性，造成了对自身的否定。这是否定的否定。"② 这种否定要在协作以及对生产资料的共同占有的基础上，重新建立个人的所有制，也就是将以社会的生产经营为基础的资本主义私有制转化为社会所有制。

商品也是一种公共存在。任何人都无法独占商品的价值和使用价值，一个人要想占有商品的价值，就必须让渡使用价值，反之亦然。商品只有能够同时表达生产者所投入到其中的劳动凝结成的价值和消费者所需要的使用价值，才能成为沟通生产者和消费者的桥梁，实现商品的出售或购买。对于劳动力也是一样，工人也不可能在独占自己的劳动力的同时获得工资。资本家与工人的剥削关系中保持了一种共生关系。只有当劳动力也成为商品被自由买卖的时候，商品生产才在社会中取得普遍化的意义。也就是说，当雇佣劳动成为商品生产的基础时，商品生产才强加于整个社会。"从这时起，每

---

① 《马克思恩格斯文集》（第5卷），人民出版社，2009年版，第842页。
② 《马克思恩格斯文集》（第5卷），人民出版社，2009年版，第874页。

一个产品才一开始就是为卖而生产，而生产出来的一切财富都要经过流通。"① 如果生产出来的一切产品都被用于私人的消费，那么社会的财富就无法积累，从而推动社会整体的进一步前进。而节欲这种看似对私人消费需求的限制，事实上也具有了满足资本主义发展需要的公共意义。

"资本不是一个固定的量，而是社会财富中一个有弹性的、随着剩余价值分为收入和追加资本的比例而不断变化的部分。"② 资本是由劳动力、科学和土地合并起来的。由于资本主义私有制的缘故，社会财富的积累是通过生产资料和生活资料转化为资本家的私有财产的方式来实现的。也就是说，表面上是资本家私人财产的增加过程实际上是社会财富的积累过程。社会总资本的运动就表现为单个资本之间的相互对立和吸引，所带来的结果是大资本吞并小资本，或者小资本结合成为大资本。可以说，单个资本之间的竞争性固然可以推动社会总资本的增加，但是它们的孤立性却与社会总资本的积累趋向是相矛盾的。以至于，资本的彻底的公共性正是通过其极端的私有性来实现的。当社会的总资本合并在唯一的资本家或公司当中时，它的集中达到极限，这时它也就直接地体现为最具普遍性的公共资本。资本的集中有利于扩大工业和企业的规模，也有利于更广泛地组织起多人的总体劳动，更充分地调动整个社会的劳动的物质动力，事实上有利于提高社会生产力的效率，更有利于新科学的应用和生产技术的大规模更新。

在某种程度上，可以说资本主义社会就是一个公共社会，因为它建立在商品经济为主的经济形态与模式基础之上，而商品的生产

---

① 《马克思恩格斯文集》（第5卷），人民出版社，2009年版，第677页。
② 《马克思恩格斯文集》（第5卷），人民出版社，2009年版，第703页。

和交换则主要建立在社会内部成员的普遍交往的基础之上。只有形成了普遍的和具有一定规模的商品生产和交换，市场经济的价值规律才有可能形成。资本主义社会的商品中的各种存在产生于普遍的社会交往，但同时本身又推动这种公共交往。例如，货币就只有是一种公共存在时，才有可能是货币。这里的公共性，就是指的货币作为一般等价物的属性。

（二）资本主义的生产过程的公共性

由于个体自然条件的不同，又由于个人的教育情况受制于私有财产和社会阶层，所以不同个体拥有不同能力，这就产生了生产的协作。"许多人在同一生产过程中，或在不同的但互相联系的生产过程中，有计划地一起协同劳动，这种劳动形式叫做协作。"① 每一个分工的种类就是一个专门的生产部门。在一个社会中，每一种生产越是具有专门的性质，这个社会的经济就越是具有公共性特征。协作发展了社会劳动的一定形式的组织，这样就同时发展出了新的、社会的劳动生产力。虽然由许多人代表不同的劳动部门共同完成同一项工作，但是每个人的个体劳动或某个劳动部门，作为总劳动的一部分，仍然可以代表劳动过程的不同阶段以及不同方面的需要。"资本主义生产实际上是在同一个资本同时雇用人数较多的工人，因而劳动过程扩大了自己的规模并提供了较大量的产品的时候才开始的。人数较多的工人在同一时间、同一空间（或者说同一劳动场所），为了生产同种商品，在同一资本家的指挥下工作，这在历史上和概念上都是资本主义生产的起点。"② 协作并不是简单的劳动相加，因为协作是许多不同的劳动部门综合成为一个系统，从而完成

———————

① 《马克思恩格斯文集》（第5卷），人民出版社，2009年版，第378页。
② 《马克思恩格斯文集》（第5卷），人民出版社，2009年版，第374页。

同一不可分割的操作，在其中，单个劳动已经发挥了社会力量。结合的劳动效果很难由个人达到。"协作提高了个人生产力，而且是创造了一种生产力，这种生产力本身必然是集体力。"①

"在大多数生产劳动中，单是社会接触就会引起竞争心和特有的精力振奋，从而提高每个人的个人工作效率。"而且，"人即使不像亚里士多德所说的那样，天生是政治动物，无论如何也天生是社会动物"。② 社会分工和协作可以提高劳动的生产效率，缩短制造总产品的必要劳动时间。"一方面，协作可以扩大劳动的空间范围，因此，某些劳动过程由于劳动对象空间上的联系就需要协作，例如排水、筑堤、灌溉、开凿运河、修筑道路、铺设铁路等等。另一方面，协作可以与生产规模相比相对地在空间上缩小生产领域。"③ 这种协作会扩大劳动的作用范围，同时缩小劳动的空间范围，也就节省了财富和资源，对于人类社会都具有积极意义。这种协作使得人们的共同劳动具备了连续性和多面性，同时在这种共同的劳动中，个人也摆脱了自身的局限性，发挥了人类的全面的、持久的能力。柏拉图也通过指出个人需要的多面性和个人才能的片面性来说明了共同体内部分工的重要性。

协作也体现了资本的公共性。如果没有同一个资本家依据同一个资本，来同时雇用具有各方面能力的工人，那么，这些劳动者也就无法在同一空间中直接合作，也就无法完成现代社会所需要的、只有共同劳动能生产的产品。在这种共同生产中，资本家的命令和指挥是必不可少的，它是工人们协同工作的必要条件。资本家指导工人分别完成生产总体的具体职能。工人在共同劳动之前各自是单

---

① 《马克思恩格斯文集》（第5卷），人民出版社，2009年版，第378页。
② 《马克思恩格斯文集》（第5卷），人民出版社，2009年版，第379页。
③ 《马克思恩格斯文集》（第5卷），人民出版社，2009年版，第381页。

个的人，但是在协作过程中，他们就不再属于自己了。他们作为劳动力，被并入资本总体。可以说，他们只是资本的特殊存在方式，共同劳动中的工人所发挥的生产力是资本的生产力。工人并非为自己生产，而是为资本生产，工人是资本的公共工具。当然，这并不是说资本主义社会之前的历史阶段不存在协作。在人类早期的社会里，人与人之间只存在着简单劳动的协作，甚至可以说就是简单劳动的相加，这完全不同于资本主义生产的有系统的、综合的协作。而在原始社会时期的狩猎民族或后期氏族公社中，一方面，当时实行的是生产条件的公有制，另一方面，个人也仍然只是作为氏族或公社的一部分存在，其本身并无独立的个体意义。在奴隶社会乃至殖民地社会中，共同劳动又以直接的统治和奴役关系为基础。而在资本主义社会中，能够自由出卖自己的劳动力的独立雇佣工人是其基本前提。所以，"资本主义生产方式表现为劳动过程转化为社会过程的历史必然性"①。当然，不能由此而意识不到资本主义反公共性的一面。因为，资本主义生产的根本动机和决定性目的是尽可能实现资本的增殖，也就是多生产剩余价值，即尽可能多地剥削劳动力。工人的自由是以其贫困为条件的。而且，资本主义的管理形式也是专制的。

在机器发展起来的阶段，共同劳动也表现为机器间的协作。机器的协作与工人的协作相仿，只不过机器的协作是客观地按其本身的性质结合起来的，而工人间的协作则受制于其手工工具的主观因素。机器及其协作是大工业产生的基础，在大工业中，自然力代替了人力，它必须在相互协作中形成按其性质连缀而成的系统整体才能发挥作用。也就是说，机器"只有通过直接社会化的或共同的劳

---

① 《马克思恩格斯文集》（第5卷），人民出版社，2009年版，第389页。

动才发生作用"，而协作则成了机器大工业的"技术上的必要"了。① 机器大工业要想提高其剩余价值率，就必须要减少工人人数，造成了社会的普遍失业。机器成了社会生产的共同主体，而工人只是作为有意识的工具与作为无意识的工具并存，在某种程度上来说，是工人服侍机器。机器工业给社会造成了深远广泛的影响。机器使得工人逐渐沦落为最无内容的劳动的承担者，并使其精神和活动日渐贫乏，这也遭到了工人自身的反抗。但此时工人的"公共性"也大大增强，因为生产的高度机械化，导致了任何一种生产需要都有专门的机器来满足，从而工人的劳动愈益变得抽象和具有普遍性。每个人的劳动变得渐趋同一，甚至可以被用于任何生产过程，工人只需要学习开动机器。机器工业尤其对农业发生了革命作用，它使得农民转化成了自由的劳动力，而且也促进了农业和工业的联合。劳动过程的社会结合同时变为对工人的普遍压迫。机器工业破坏了人与土地之间的自给自足式的物质变换，代之以将劳动力结合为一个整体。大工业也带来了国际贸易，各个国家和地区逐渐被纳入"世界工厂"的共同生产过程，产生了国际分工。

（三）资本主义社会的公共化后果

资本主义的生产是一种公共的生产，这种生产促成了社会的公共化。每一个社会都必须是生产过程的连续不断进行，产品不断地从生产资料变为消费品，又会周而复始，资本便是在这个过程当中积累起来的。个人消费只是其中的一个环节，这个生产过程本身对人类来说是公共的存在。工人为社会的公共需要进行生产是获得个人消费品的前提，个别的私人消费却对社会生产来说不是至关重要的东西。同时，看似为工人个人所占有的技能和经验，事实上也是

---

① 《马克思恩格斯文集》（第5卷），人民出版社，2009年版，第443页。

由人类世代所传承的公共的知识和技术。所以，从积极的方面来看，资本主义生产中工人所失去的东西，正是整个人类所得到的东西，工人的异化又称为人类占有自己本质的一种方式。只不过，由于生产力发展水平和社会意识的限制，人类不能通过每个人各占有其本身的方式来占有人的本质。以个人与人的类本质相异化的方式反过来占有人类本质，这是人类社会的阶段性特征。由此也可以看出，人类发展的终极目的，也正是完全地、直接地占有人的本质。正是资本主义的生产过程，才主宰了社会群体的划分，即工人和资本家的划分。

"一切商品作为价值都是对象化的人类劳动，从而本身可以通约，所以它们能共同用一个独特的商品来计量自己的价值，这样，这个独特的商品就转化为它们的共同的价值尺度或货币。"① 货币向资本的转换，正是在商品的流通这种公共活动中完成的。由于价值是由社会必要劳动决定的，所以，当一个人将自己的劳动力出卖的时候，原本属于他的私人的劳动力就具有了公共的意义，即变成了社会的共同的抽象劳动。"对象化为价值的劳动，是社会平均性质的劳动，也就是平均劳动力的表现。"② 这也是使私人劳动发生公共效益的必然方法。

虽然对资本主义社会中将一切都商品化的倾向批判甚多，但是不可否认的是，由于诸多存在物都可以用货币衡量，本身就增加了不同价值之间的可通约性，使得人类的物质财富和精神财富可以得到更大范围的传播和更高程度的交流。从而，货币成了大多数事务和事物的衡量标准，这就在很大程度上打破了封建社会所形成的森

---

① 《马克思恩格斯文集》（第 5 卷），人民出版社，2009 年版，第 114 页。
② 《马克思恩格斯文集》（第 5 卷），人民出版社，2009 年版，第 374 页。

严等级，使得社会的进步和丰富物产向着更多的人开放。事实上，财富本身并无罪恶，它们已是这个世界上最具公共性的存在之一，所有的不公正都是发生在拥有和使用财富的人身上。

资本主义的生产也为人的不同志趣和才能寻找适宜的活动范围提供了条件，非此人们将很难把精力集中到最重要的事情上。社会的分工使得人们的脑力劳动和体力劳动处于敌对的对立状态，并且使产品从劳动者的直接产品转化为社会产品，即结合成为总体工人的共同产品。人们通过成为总体工人的成员作用于劳动对象。资本主义的生产方式是当今普遍的生产方式，剩余价值也已经成为社会的普遍追求。工人维持生存恰恰是以失去自我为前提的，这里，工人所获得的普遍性是劳动的抽象性，也就是说，工人的普遍性来源于人的本质的普遍失去，而不是人的本质的普遍占有。资本的生产力表现为工人劳动力的合并力量，在资本中，工人获得共同性。工资看起来是对工人个人的劳动报酬，但事实上也是由社会状况决定的，它受到一个国家制造同一种商品的中等劳动强度的影响。

并不能把社会的公共性直接等同于共产主义，共产主义可以看作是社会的公共性的一种表现形式，也可以看作是社会发展到一定阶段的产物，但确切来说，公共性包含着比"共产"更为广阔的意义。"公共"的含义就是指的不同独立个体的共同并立，无论他们之间的关系如何，最终都无法否认独立个体之间共存的事实。在资本主义社会，这种独立性尤其与私有制相联系。在资本主义社会，人们通过劳动获得自己的一份私有财产，并以此财产为基础来获得自己在社会上的一个合法地位。私有财产使得人们能够参与社会活动，是一个人的社会性的立足点。私有财产标识了个人的社会性身份。所以，资本主义社会的公共性就表现为不同的个人及其私有财产的并立，不同的个人及其私有财产之间是由商品交换联系起来的关系。

虽然强调私有财产，但是任何私有财产都无法孤立地存在。

永远不应忘记资本主义生产的剥削本性。社会资本增长的能力和规模越大，工人劳动者的数量也会越大。但是随着科技的提高和生产过程所需工人的减少，社会的过剩人口也会更多。这样，整个社会中每个工人所获得的平均财富会越少，社会的贫困人口也会越多。马克思指出，这是资本主义积累的一般的、绝对的规律。所以，资本主义社会当中的资本的公共性、即它的普遍性正是伴随着工人的普遍贫困的。

社会未来的发展并不是建立剥夺所有个人的所有制基础上的公有制，而是要使得生产者能够以自己的劳动为基础，占有一定的生产资料。也就是说，公共的占有以普遍的个人占有表现出来。资本不是物，而是一种以物为中介的人与人之间的社会关系。生产资料为许多独立经营者个人所有，就造成了资本的均分。而且，只要劳动者为自己积累，他就没法为资本家积累。所以，资本主义的生产方式必定造成雇佣工人对资本家的从属关系。国民财富——作为资本家的社会财富的总和，本身就是人民贫困的另一各方面，资本主义就是以劳动者的被剥夺为前提的。

四、中国传统文化中的公共性特征

与西方社会相比，中国社会的公共性特征主要体现在其传统文化中。文化就是超越于一个社会当中不同物质形式之上的风物精神，即所有的人和物都内含着的共同意蕴。西方社会的文化强调个体的"小"生命，重视人与人之间的区隔，而中国的文化恰恰相反，其更善于从外在物质形式和特征的分别中看到共性，看到人所共有的方面。

（一）"身""家""国""天下"一体的观念

中国社会的传统文化的核心特点之一，就在于将一己之身家与国家乃至天下的命运联系在一起，其关注的范围由一身之安危，到一家之兴衰，再到一国之盛衰，一直到天下之兴亡。对于中国人来说，"进则有国、有天下，退则有身、有家"。既有心系天下而忘记单一政治集团利益的人，也有独善其身忽视家族归属的人。"身、家、国、天下，一体相通，进退自如。"① 也就是说，中国人的身份可以划分为"身、家、国、天下"四个层面，而分别对应修、齐、治、平四项实践，这四个身份层面和四项实践之间的道理是一贯的。所以，从天子到庶民，修身都是所有身份及其实践的根本。对于家庭来说，只有子子孙孙的代代传承，才可以称得上是家。② 从而，合家为国，各国林立，始有天下。"个人—家庭—国家—天下"也是中国人文化中的基本结构，起点在个人，落脚点在超越国家之上的"天下"。而"西方人主张'个人主义'，家与国皆受限制，而可谓并不知有天下"③。但是，当代世界由于科技的进步，已经使得世界超越国家的限制而达到形成整个天下的层次。总体上的"天下"不安宁，个体的和部分的国家又如何能安宁？所以对于当代的世界来说，正是中国传统的观念和文化、即"平天下"的观念大放异彩的时代。

早在大禹时代，中国就"已有一'身、家、国、天下'同时并存之文化大同，和平合一、太平大同之大社会"④。中国自古并不与其他国家作敌人看待，而只是作友，至于周边小国，就将之看作一

① 钱穆：《晚学盲言》，九州出版社，2011 年版，第 319 页。
② 钱穆：《晚学盲言》，九州出版社，2011 年版，第 395 页。
③ 钱穆：《晚学盲言》，九州出版社，2011 年版，第 375 页。
④ 钱穆：《晚学盲言》，九州出版社，2011 年版，第 376 页。

个区域。而西方则相反。"西方人视国外尽是敌，亦不许敌我之相安而并存。中国人之'天下'，则敌我一体，同此天，同在天之下，同为人，不同一政府，此谓小别而大同。"① 西方是"人与人、国与国相争"的文化，中国则是强调共有天下、同处天下的文化。中国之所以能够绵延经五千年历史，发展到如此广大的国家，乃是因为，天下、国、家、身递相涵盖，各不相害，从而虽然以个人为起点，但并不妨碍在个人身上有一个家，而在许多个家之上有一国，在所有国之上有一个天下。所以个人乃至家、国的状况依旧只是天下之部分状况，而无关天下之整全的存在。

古代的思想家的政治思想皆是以天下安危为计的，儒、墨、道、阴阳诸子百家"皆为大群体设计，不为当时某一部分人着想"②。中国人自古就以一种整全观来看待春秋战国时期的各个小国，认为它们无论是否形成大一统的局面，都已同处于"天下"范围之内。中国的专制文化中，亦有"公"的意涵，因为君王天子所做的事，并非为一人一家所计。"无君即无群，无群即无国。"中国的皇帝，自古有"求贤，欲与共天下"的思量。③ 传统的"中国"与"天下"观，就表明中国并非故步自封、闭关锁国，而只是愿意承担天下的重任，故而将"中国"与"天下"并言。而且自唐代以来，都有明确的制度辑之典册，明确记载国家乃皇帝与大臣共治，而非由皇帝一人专制。汉高祖初即位的时候，即下招贤令，"谓愿与天下诸贤来共治此国家。政治大原则，不亲亲则尊贤。要之，中国历史传统并无以天子一人来统治全国之一观念，则亦显然。此下乃有'贤良对策'一制度，求由社会贤良来指导政府，此又与政府君相来统治社

---

① 钱穆：《晚学盲言》，九州出版社，2011 年版，第 377 页。
② 钱穆：《晚学盲言》，九州出版社，2011 年版，第 323 页。
③ 钱穆：《晚学盲言》，九州出版社，2011 年版，第 324 页。

会之观念有不同"①。中国政府更为准确地说应是一"士人政府"，"尽由社会上之士来组成"②。而且，中国历来重视不同民族、不同宗教之间的融合与共处，以"土司"制为例，土司制就是专门为适应回教和苗族所设立的制度。故而，仅用皇帝专制是无法概括中国政治的特点的。况且，中国社会的文化也并非一同质化的存在，而是有一个历史发展过程的。"在此近两千年内，不断有人自由提出其主张，并不一以孔孟为尊。亦可谓孔孟道统，乃于南宋后始获确立。"③ 所以，中国的孔孟道统并非由专制皇帝所提倡。

两汉文化中的知识分子的意识的特征是具有鲜明的公共意识，其志向在于治国平天下。"汉代之士上承战国诸子，其志在治平道义上；唐代之士则上承门第与佛法。"④ 中国的知识分子向来就有家国情怀，从此论，可谓每个知识分子都是公共知识分子，除此之外，若只是关心个人得失悲喜，就不算真正的知识分子。当然，知识分子的关注点是随着政治、文化、风气而改变的，亦是随社会的改变而改变的。在钱穆看来，儒家就特别强调知识分子出仕以承担社会责任，"儒者正贵出仕用行"⑤。在中国传统中，个人道德与公共责任是一贯的。中国人"重公更过于重私，重大更过于重小。国家民族之大生命更重于家室个别之小生命。"⑥"修身、齐家、治国、平天下，一以贯之，不关心治平大道，终非中国道统之正。"⑦ 中国的道统，就存在于知识分子始终关注天下的安危平乱之中。也就是说，

---

① 钱穆：《晚学盲言》，九州出版社，2011 年版，第 383 页。
② 钱穆：《晚学盲言》，九州出版社，2011 年版，第 384 页。
③ 钱穆：《晚学盲言》，九州出版社，2011 年版，第 400 页。
④ 钱穆：《晚学盲言》，九州出版社，2011 年版，第 387 页。
⑤ 钱穆：《晚学盲言》，九州出版社，2011 年版，第 390 页。
⑥ 钱穆：《晚学盲言》，九州出版社，2011 年版，第 313 页。
⑦ 钱穆：《晚学盲言》，九州出版社，2011 年版，第 392 页。

知识分子始终超越既有的政治制度、即"法统"之上，来观看社会文化传统的承袭，而国家天下得以治平的时刻也正是文化较为稳固的时刻。正是由这些知识分子才承续了天下的"道统"。所以，细致看来，又可以说，国家之治是统治者关心的问题，而天下之平才是以知识分子为代表的社会良心所关注的事。因而，国与天下，终究是两事。顾炎武云："国之兴亡，肉食者谋之。天下兴亡，匹夫有责。"中国的政治传统，从积极的方面来说，是强调"民之所好好之，民之所恶恶之"，即一切以民意为依归；而从消极的方面来看，则对社会自由没有加以干涉，尤其是没有干涉学术思想的自由。

　　在中国的农业社会中，私人生活都对社会国家的公共生活产生了辅助作用。商业一开始是由官府经营，后来又属私营，皆为公。商业亦本属官廪，后乃私营，但是仍然强调要遵守公共的道德准则，即"信义通商"。①"禅让亦出公意"。也就是说，在禅让之时，中国的政治已经包含了"公"的内涵，地方首长就代表地方公众的意见，相应地，他也代表国家的公共权力来管理地方事务。至于天子，则需要"岳牧咸见"，即需要地方首长的共同推举。② 而且，在中国的政治思想中，民本思想在中国人的观念中根深蒂固。"国之本在民，民之本在其生，而民生之本则在其有积世相传、道一风同之共同标准，即所谓'礼乐教化'，即今人之所谓'文化'。而教化之本，则在'德'不在'力'。"③ 此处的民生即与当今将之解为"人民之生活资料"的含义不同，民生的根据非物质，而在于文化。所以，中国传统文化重视人与人之间的情感相通，这是因为，"中国人则本原

---

① 钱穆：《晚学盲言》，九州出版社，2011 年版，第 275 页。
② 参见钱穆：《晚学盲言》，九州出版社，2011 年版，第 316 页。
③ 钱穆：《晚学盲言》，九州出版社，2011 年版，第 315 页。

之于'性'，性又本原之于'天'。天则超物质"①。中国传统文化中的"天下"观念，已经天然地包括了全中国统一安定的思想。所以，"人""己"之间虽有分别，但是，"己亦一人，知为己，即知为人。人亦一物，能格人，斯能格物。物亦一天，能通于物，斯必通于天矣"②。所以，人、己、物、天皆是相通的，而非彼此相隔离、绝对相区别。即使是实现共产主义，它的关键也在于"共心"，即将思想放在所有人的生命的理想之上。③

政治对于公共生活尤为重要，社会则主要是私人生活的集合。政治依存于社会，而对于社会来说，景象是社会的各种物质成就，而风气才是社会的生命表现，它是超物质层面的存在，可以理解为整个社会的氛围。"风气即此时代之生命所在，文化所在。"④ 所以，中国人关注政治则首先重视社会，而重视社会又尤其重视风气。因此，文化不仅是社会的根基，而且是政治的根基，尤其重要的是，在钱穆看来，文化也是比政治更为重要的存在。政治是社会的依归，"天生民而立之君。若谓民属社会，君属政治，则政治由社会而产生，亦即以社会为依归"⑤。中国的文化传统中虽然强调政治、社会之相互影响，但是更为深层的含义是政治常由社会来领导，而非社会由政治来领导。

社会对政治的领导作用，突出的表现之一，就是政治统治受到家族宗法的巨大影响。中国古代采取的是一种封建政治，是由宗法社会演变而来，宗法即"礼"。所以，中国古代的政治可以看作是

---

① 钱穆：《晚学盲言》，九州出版社，2011 年版，第 279 页。
② 钱穆：《晚学盲言》，九州出版社，2011 年版，第 318 页。
③ 钱穆：《晚学盲言》，九州出版社，2011 年版，第 275 页。
④ 钱穆：《晚学盲言》，九州出版社，2011 年版，第 274 页。
⑤ 钱穆：《晚学盲言》，九州出版社，2011 年版，第 381 页。

"礼治",与西方社会的"法治"大异其趣。"礼治"的主要内容是宗法,而宗法则"富自然性,与政府制定法律强人以必从者不同"①。中国古代的政府与宗族具有内在的同构性,所以政治从宗法出,政府对社会的统治犹如大家长对宗族的统治。例如,周朝时期,列国由诸侯分治,而天子所统治的中央地区则仅有王畿千里。天子与诸侯属于同一血统,所以彼此都是亲属,因此,治国之"法"主要是指宗法。"中国人又有'道统'与'法统'之别。'法'乃指政治上之大经大法言,但亦不得与'道'相比。道则必在天下有大群,即社会方面。"② 至于二者之间的关系,则是"道统必寄存于社会,政治法统则必尊道统"③。

(二)重"和合"、轻"分别"的观念

中西方对于"群居"和"独立"的不同态度也各自反映了其所属文化的特征。一般来说,中国人好"群居",西方人好"独立"。虽然人生不能离开群体,但是西方人却喜欢在群体生活中保持独立;人必定是以个体的形式存在的,但是中国人却强调在个人生活之上的群体生活的重要性。"故中国人乃在异中求同,其文化特征乃为一'和合性';西方人乃于同中求异,其文化特征乃为一'分别性'。"④在传统文化中,中国人彼此之间相处一般总是向形成家庭的方向发展,而人与人之间的孝悌爱敬,皆出自于对于家庭成员的天然感情的本性。中国的传统文化并非不强调做人要独立,而是认为"独立又必贵能处群"⑤。就如同在居家生活中,子女、长幼形成独立人格

---

① 钱穆:《晚学盲言》,九州出版社,2011 年版,第 381－382 页。
② 钱穆:《晚学盲言》,九州出版社,2011 年版,第 382 页。
③ 钱穆:《晚学盲言》,九州出版社,2011 年版,第 387 页。
④ 钱穆:《晚学盲言》,九州出版社,2011 年版,第 403 页。
⑤ 钱穆:《晚学盲言》,九州出版社,2011 年版,第 410 页。

不妨碍行悌弟之道；又如同在官府庙堂之上，大臣有独立的品格亦不妨碍其对国家和统治者的忠。忠、孝都是传统共同体的根本伦理原则，人既然是在群中独立的，所以亦需遵守忠孝之道。

群与独相辅相成，如果没有独立的人，就不可能形成群体，而如果不存在群体，个人又独立于何方呢？所以，每个人必定各守自己的独立之道，才能造成全社会人群同居之大道。对于中国人来说，"乃有团体中之个人，同时有个人外之团体"①。人应当能够在群体中独立，但是又不能游离于群体之外，尤其不能通过违逆群体来独立。只有在群体中独立才是真正的独立。中国文化并不是不尊重个人，而是特重个人，尤其重视人的品格。虽然时代、地域、地位会发生转易，但是人的品格却需要具备一种独立性。"而其独立，则仍必在道之中，不在道之外。中国社会尊道统，但'道'必有'己'，故亦最富独立性。独立人物之在中国社会中，亦最得宽容，最受敬仰。"② "人当各有个性，能独立，则相互间自见为自由、平等。"③但是钱穆反对政党、民主、法治，因为中国传统中无有此血脉，这些都是西方人的文化发明，主要是建立在人人相争的基础之上的。

"群""独"之间的关系又可以表达为"群""孤"之间的关系，二者是人生之两面，不可偏废。所以，对此宜采取中庸之道，喜欢群居者应锻炼自己的独立性，而崇尚遗世孤立的人则应注重加强群体生活。就现实的层面来讲，农业社会是群居社会，而工业把人都封闭在各自的工作场所中，可以互不相关，所以工业社会更彰显人的孤立、独处。"农业人，同此田野，同此耕耘。在双方心理上，农

---

① 钱穆：《晚学盲言》，九州出版社，2011年版，第395页。
② 钱穆：《晚学盲言》，九州出版社，2011年版，第399－400页。
③ 钱穆：《晚学盲言》，九州出版社，2011年版，第400页。

业是和合的，群而不孤。工业则是分散的，孤而不群。"① 尤其在商业活动中，商人个个守住自己的领域，虽然同卖一种商品，却充满竞争，各自孤立。

对于农民来说，"个人与家庭，工作与生活，常若成为一体，不加分别"；而对于工人来说，"每视己之与家，工作之与生活，若可各别而为二"②。"农业必通于天时地利，而成其和，不如工之较可自外于其他万物，而专一以成其技巧。……在农人每见其业之可以相通而为群，而业功者则每感其为分别而成孤。"③ 而且，工人的技艺和经验也往往只为一人所独有。工业社会的工人在工厂中，其内心是极其孤独的，而从商之人尤甚。尽管从商之人需要在人群交往中进行贸易而通有无，但是"独出孤往"，"重利轻别"，"尤易抱孤独感"。总起来说，惯于群居的人与惯于独处的人在心理上又有不同。"盖习于群居之人生，虽处孤境，其心犹常有群。而偏向于孤的一面之人生，其身虽处群境，其心亦犹不忘其为孤。"④

"仁""义"皆由人之群居而起。"中国人因尚群居人生，故必言仁。但在群居人生中必贵有孤立精神，故言仁又必兼及义。"盖"仁""义"分别反映群居与孤立的两个价值面相。"既不能有不仁之义，亦不能有无义之仁，个人自由与群居为生，乃可相得而益彰。"所以，中道智慧于此处尽显，中国人讲求人与人之间要"和"，既非孤而不群，又非群而无我，要保持"中立而不倚"。"故尊孤亦即为善群。"⑤ "所谓'中'者，实本于每一人内心之孤；

① 钱穆：《晚学盲言》，九州出版社，2011年版，第413页。
② 钱穆：《晚学盲言》，九州出版社，2011年版，第414页。
③ 钱穆：《晚学盲言》，九州出版社，2011年版，第415页。
④ 钱穆：《晚学盲言》，九州出版社，2011年版，第416页。
⑤ 钱穆：《晚学盲言》，九州出版社，2011年版，第424页。

'和'则是群道之公。"① 要保持中道，关键和起点都在于"人之一心"，这是"群道"，即"和"的大本大源之所在。所以，"仁道贵于由一己做起"，"其修行固在己"，"仁"的对象是在己之外的他人，也就是"群"之所在。具体来说，"和"就是"在群之中求别，在合之中求分，求孤与群之平衡"②。对于中国的传统信念来说，天下共存的人类有成为一体的倾向。所有的教育，亦为了达致"群道"，"孝"为"和"，"忠"为"治"。

中西方之别也在于"道"与"权"之别。西方人重视"权"过于"道"，但是，"道者人所共由，故尚同，而必和；权己所把持，故各别，而必争。道如大路，人人得行。权如天秤，必分两端，众所聚则倾；求其平，则铢两必争"。③ 所以，西方人重权则带来社会人与人之间彼此相争。所以，西方社会的民主制的基础——多数决定制，也只不过是说的个人组成的多数，而非社会群体所形成的多数。但是，中国人的政治观念是"求道"。"故求国之治，必须有道，须求人人同行此道。"④ 虽然人的性情不同，言行亦有不同，但是不同性行之人却可以同行此一道，故而可见此道之大。中国人的"公"心即合于"道"之心，多体现为不争权，不谋利。对于中国人来说，"或仕或隐，同有其道。为任、为清、为和，才性各不同，而其大道则同"⑤。这是中国人合群为政，论政、论道一大原则。

西方社会虽然强调个人主义，但实际上却轻视个人。"个人无可作为，乃以种种方法、种种行为以加强其个人。故个人主义虽借公

---

① 钱穆：《晚学盲言》，九州出版社，2011年版，第433页。
② 钱穆：《晚学盲言》，九州出版社，2011年版，第417页。
③ 钱穆：《晚学盲言》，九州出版社，2011年版，第405页。
④ 钱穆：《晚学盲言》，九州出版社，2011年版，第407页。
⑤ 钱穆：《晚学盲言》，九州出版社，2011年版，第409页。

营私，实则重公贱私。"① 及至于对马克思，钱穆认为马克思"重视
劳工，实则其思想乃从西方传统个人主义而加以一番纠正，非专从
重视劳工来。换言之，机器是一公，而劳工则各别是一私，如是而
已，又岂得为其乃重视劳工之亦仍各为其私乎？故马克斯（即马克
思）又谓其主张乃'唯物主义'，此亦自谓其主张乃非一种'人生
道义论'，非为劳工阶级仗义申冤抱不平"②。也就是说，马克思实
际上意在纠正西方传统的个人主义，亦即在所有个人之中普遍地实
现公平分配工厂利益，既包括工厂，也包括劳工。因为，机器生产
本是集体生产、公共生产，而劳工和厂主都是私人。所以，唯物主
义也并非关心个人生活的哲学，也不是仅为劳工阶级鸣不平，而是
针对整个西方社会来说的。因此，钱穆就此也批评苏联，认为马克
思的共产主义是为了使"劳工私人力量与机器力量之稍加平衡"，而
苏联的政策则连同厂主、资本家一概加以拒斥，"使机器力量远驾于
私人劳力之上，而尽供政府之用"③。苏联实际上是利用机器的力量
来服务于政府，从而以公的力量压抑了社会上一切私的力量。

中国农村的特点是自给自足，因而"重私不重公"，而近代
"工商资本社会"则"重公轻私"④，所以，"其知识乃尚'专'不
尚'通'"⑤。关于中西方向内向外的差异："商业重广告宣传，务向
外不向内。弘扬宗教亦重向外。政治则多结党羽，亦主向外。专重
外则方向多而内容变，其心不安不定，不能积，亦不厚。亦可谓之
为无情。中国人则事事必求向内，一心一意，贵其情厚。"⑥ 在中国

---

① 钱穆：《晚学盲言》，九州出版社，2011 年版，第 871 页。
② 钱穆：《晚学盲言》，九州出版社，2011 年版，第 871 – 872 页。
③ 钱穆：《晚学盲言》，九州出版社，2011 年版，第 872 页。
④ 钱穆：《晚学盲言》，九州出版社，2011 年版，第 872 – 873 页。
⑤ 钱穆：《晚学盲言》，九州出版社，2011 年版，第 877 页。
⑥ 钱穆：《晚学盲言》，九州出版社，2011 年版，第 879 – 880 页。

传统观念中，公私是一以贯通的。"中国重师承，尧、舜、禹、汤、文、武、周公以至孔子，皆以一师承来领导群伦，故一人之修身可以达于齐家、治国、平天下。""中国传统观念，身、家、国皆属私，天下乃一'公'。而一身之私，则可直达于天下之大公。西方人则仅知有'国'，不知有'天下'，可谓其心乃有私而无公。"[①] 所以，钱穆所处时代的国人所面临的两大任务是："一则当知需先顾及吾国家、吾民族自己之私，即所谓'传统文化'，亦即我之私而非公。次则当知现代化，当具世界知识，当知全世界各民族、各国家亦各有其私。"[②] 虽然强调现代化，但是仍需允许一国保留自身文化之独立品格，而无须因现代化、世界化而把自身之传统文化尽加蔑弃。

（三）"公""私"相通的观念

"公"与"私"之间是相通的，要想达到具有公共性的效果，则必须从每一个私己出发。要想使中国人移风易俗，关键就在于改变每一个人的观念，也就是说，要每一个人只为"己"不为"人"。也就是说，只是重视自己的道德修养，不管他人，则社会风俗自见转移。儒家所说的"孝""悌"，也只是对个人修养的要求。但是，人心大同，每个人都能注重自身的修养，社会的道德水准也就自然提高。所以，中国传统文化中强调道德，必须要落实到个人修养。如果不从个人修养谈起，就无法形成真正的道德。不强调个人，就没法达到真正的天下大公。爱私是人人性情之自然所使，每个人都能理解到这一点，就明白了如何才能为"公"。"德必据于私，而即私以为公，其事乃诚，其心则厚。"[③] 情与德是分不开的，因为其情

---

① 钱穆：《晚学盲言》，九州出版社，2011年版，第873－874页。
② 钱穆：《晚学盲言》，九州出版社，2011年版，第876－877页。
③ 钱穆：《晚学盲言》，九州出版社，2011年版，第883页。

为私，故而其德亦与私人之情分不开，德必出于私。

"公""私"之别皆源于外物形式上的区别，而在"人心"中公私是一体的。"中国社会乃建立于'人心'上，而西方社会则建立于'物力'上。"① 所以，中国社会的变革强调一切"启自人心"，而西方人则认为指世界之变"由物不由人"，资本主义、帝国主义皆是如此。如果世界的物质形式不发生改变，也就无改变可言。现代西方社会"求变求新"也只是"求物变物新，非求人变人新"②。"人心之'私'可以胜物力之'公'。此因人心有情乃若私，物力无情乃若公。中国人则重'情'而轻'力'，西方人乃重'力'而轻'情'。知此乃知'公''私'之为辨，即'人'可以胜'物'。最重要者，在使人知此心只属于我内在之私，而物则仅属于我之外在之公。心不变，乃得积而愈厚。物则必变。"③"西方人多'私'，故贵'公'，乃重于'物'而轻于'人'；中国人多'公'，故贵'私'，乃厚于'人'而薄于'物'。"④

在现代社会，人人各自奋斗首先是"为己"⑤。而道义、责任则全然可以放在第二位。在大同社会中，"'天下为公'，公私一体，为公即为私"⑥。完全无需把公与私对立起来。"孝"也必须诉诸人心的"私"，人心各尊其"私"，乃为人道之公。但是，人人舍其私而争为公，则天下必乱。人孰无私？幼其幼，老其老，皆私也。"惟如此，斯世界大同而天下平，无他道矣。"⑦ 中国人"轻事业，重行

---

① 钱穆：《晚学盲言》，九州出版社，2011 年版，第 883 页。
② 钱穆：《晚学盲言》，九州出版社，2011 年版，第 883 页。
③ 钱穆：《晚学盲言》，九州出版社，2011 年版，第 884 页。
④ 钱穆：《晚学盲言》，九州出版社，2011 年版，第 885 页。
⑤ 钱穆：《晚学盲言》，九州出版社，2011 年版，第 948 页。
⑥ 钱穆：《晚学盲言》，九州出版社，2011 年版，第 949 页。
⑦ 钱穆：《晚学盲言》，九州出版社，2011 年版，第 950 - 951 页。

为"，农人有私业，工人也正因为可以将私业毕生从事，靠习熟良久而渐成艺术化。"日中为市，各以所有易其所无，各得所欲而散。此亦私心即公道，乃行为，非事业。恃商为业，则必求利润，故业商则必求损人以利己。"① 只有在商业社会中奉公守法，才有社会的道义。所以，中国社会的大道之行也要依靠个人行公道。"一切道义责任，即皆由其私来。"② 在这里，钱穆未区分主体与私己之区别。可以说，责任在于个人承担，而在于个人具有一主体性。此主体性源于人类是主体，故而责任也根本上是人类之责任。但是，个人具主体性不等于仅为私己，恰恰相反，主体性当中即包含对私己利益之克服。

"人不能孑然孤立为人，必人相偶，与人相处始为人。"中国所谓的"人本位文化"即"己本位文化"，也可称之为"心本位文化"。此处之"心"，是指中国传统文化重性情，重一己之行为，向内寻求自我的本心。事业虽然由人们共同完成，但毕竟本于各自之"私"。人们不可能违逆各己之私，而可成为公众事业。在实践当中，各顾自己的私，而共同公行，就是中国文化传统的本源所在。中国传统文化是知行之道寓于一，所以，知中有行，行中有知，知而后行，行而后知，知行是一道，不是两边。而且，群己之间也是一道，不是两下。沟通群己的渠道就是"行"，"知"是自己，而"行"则能为他人看到，故而有德之行就能够影响世风，这就是指的为己即为人，人人做好自己，社会风气即为之一变。而且，以往认为是主体哲学发展到公共哲学，现在看来也是偏颇了。主体哲学是人的哲学，然而偏言人的独立性、主动性，而公共哲学则侧重言人的群体

① 钱穆:《晚学盲言》，九州出版社，2011 年版，第 951 页。
② 钱穆:《晚学盲言》，九州出版社，2011 年版，第 952 页。

特征，强调人与人之间彼此的依赖性，两者各偏一端，合起来才是完整的人的哲学。"故惟中国人，乃能以一己之微小，而定为上下古今、宇宙万物、人类大群一中心。又能推扩此一己之微小于广大悠久上下古今，以宇宙万物、人类大群为其外在一范围。"① 此中，由己而推于宇宙万物，推及大群，这种沟通的方式，即蕴于一道的关键，就是"实行"。

对于每一个人来说，人人皆"好人生中之真意义、真价值，乃人心所在，不随时代先后、死生、古今以俱变，而与人生俱在者"②。人生所追求的永恒的真意义、真价值，与阿伦特所说的人对于不朽的本质追求也有异曲同工之妙。就人自婴孩成长为人的过程而言，"其实己不能单独成其为己，必有内外始成己"。首先，婴孩所学会的言语就是社会的存在，而语言就是代代传承的公共存在。对于语言，"学于人，乃成己"。自身是语言学习的中心。钱穆特善于用内外的范畴来分析"人"。"'家、国、天下'皆在外，'身'为内。自身言，则'心'为内。自心言，犹有'性'为其内。而性则赋于'天'，受之'自然'，尽人皆同，无所大异。故人生乃同此自然，同此天下，同此国，同此家，同此身，同此心，同此性，外观多异，而内蕴则同，各成其一己，而尽归于大同。"③

所以，道德在本质上是"成己之道"。"一切德行皆如此，此之谓'道'。道者，乃指人生大道，即为人之道，亦即所以成己之道。"中国人在人群中能够保持自我，已经是人生的归宿。人与人之间各不相同，"故人人修其一己，即所以成其为一人；人不修为己，

① 钱穆：《晚学盲言》，九州出版社，2011 年版，第 973 页。
② 钱穆：《晚学盲言》，九州出版社，2011 年版，第 949 页。
③ 钱穆：《晚学盲言》，九州出版社，2011 年版，第 956 页。

则己不成为人"。① 一个人只有获得自身的独立性、独特性，才有可能被人当作独立的个体。人人各实现自己，就是实现了"大同"。当人们认识到他人与自己都是一己时，才知道"尊己必尊人"。人之所以成为自己，正是在与他人相互依赖和帮助的关系中实现的。如同阿伦特，孔子也认为群体是个体生命的延续，群体是个体成立的条件。"己之为生，仅限一时；而群之存在，则延于万世。"② 只有在群体中，才谈得上个体的成功。中国治学，讲求大同之"道"。"做人有道，人生所由之谓'道'，人所共由之为'大道'。故道则贵同，大道行于天下，此为'大同'。西方学贵知识，谓'知识即权力'，获得知识乃可超出人上。而知识又贵各别相异；人苟同知，即无足贵。故西方之学乃务求异于人以为知。故中国之学统于一，其一则曰'道'；西方之学趋于异，其异则曰'知'。"③ 所以，西方多重视各门知识之间的差别而有所争端，但中国的学问则重视各门知识的统一。先为己谋，然后可为家、国、天下谋。"天下后世亦尽是人，己亦是人，先能为一己谋，是即可为天下后世人谋矣。"④

---

① 钱穆：《晚学盲言》，九州出版社，2011 年版，第 956 页。
② 钱穆：《晚学盲言》，九州出版社，2011 年版，第 963 页。
③ 钱穆：《晚学盲言》，九州出版社，2011 年版，第 967 页。
④ 钱穆：《晚学盲言》，九州出版社，2011 年版，第 971 页。

第三章

哈贝马斯公共领域理论的重释及其实践意义

当代社会的核心特征在于价值多元化。其既体现为国家与社会之间价值取向的多元化，也体现为不同社会主体之间价值追求的多元化。这就给当代社会带来了两方面的问题：一方面，国家与社会之间的发展目标并不完全一致，另一方面，社会的多元价值主体之间难以达成共识。哈贝马斯的《公共领域的结构转型》就是对现代西方国家全面干预社会、价值多元主义所带来的问题的回应，它对我国解决类似问题有启示意义。但是，过去学界由于局限于实体性思维，没能把握公共领域的本质功能，将其"非语境"或"超语境"式地运用于中国当代，造成了公共领域理论在中国的水土不服或僵化比附，没能发挥理论的真正作用。本文就是在文本考察的基础上，重新发掘公共领域理论对中国当代社会的真正价值。

一、公共领域的非实体性本质及其工具价值

（一）公共领域理论的社会背景

公共领域产生自西欧社会，公共领域理论有着西欧社会文化的背景。长久以来，学界都把哈贝马斯的公共领域范畴当作一个实体性范畴，把公共领域当作历史的实体性领域。事实上，这是对于哈贝马斯所著的《公共领域的结构转型》的一种误读，是对哈贝马斯

的社会批判理论的一种误解。哈贝马斯写作《公共领域的结构转型》，并在其基础上构建社会批判理论的目的在于克服现代西方所发生的问题，为社会和政治实践提供指导。如果把《公共领域的结构转型》当作一本揭示"历史真实"的著作，那么这个文本也就落到了仅仅解释社会历史层面，而根本无法进入批判社会历史的层面。但是，《公共领域的结构转型》是哈贝马斯的"社会批判理论"的重要著作，如果这本著作仅仅停留于论证"社会批判"，而本身却并未成为一种社会批判，那么这本著作所要论证的目标与它实际的内容就是不一致的，那么被论证的目标本身就很值得怀疑了。

首先，从哈贝马斯的论述来看，资产阶级公共领域是以资本主义的自由主义原则为基础的，而自由主义则是对自由竞争的资本主义形式的原则性概括。但是，哈贝马斯指出，"实际上，我们已经习惯于从这种特殊形式的竞争资本主义来看资本主义的实质。与这种观念相反，有必要提醒人们，这个阶段不过是资本主义发展的漫长历史长河中的一个顺利的瞬间；因为它是英国在 18 世纪末的独特历史处境的产物"。① 也就是说，自由竞争的资本主义只是资本主义的特殊形式，并不是资本主义的普遍形式，建立在这种特殊形式之上的自由主义原则也是一种特殊的原则，而不是资本主义的一般原则，它更不是资本主义的全部事实。实际上，自由主义原则从未真正实现过，它只是反映了一种价值追求，建立在此基础上的公共领域也就只是一种历史抽象物，而不是对于历史的直接反映。毋宁说，它是根据自由主义价值构建的一种理想模型。

再者，从《公共领域的结构转型》的整体思路和论证结构来看，

---

① ［德］于尔根·哈贝马斯：《公共领域的结构转型》，曹卫东等译，学林出版社，1999 年版，第 88 - 89 页。

论证公共领域的实体性存在也并不是这部著作的用意所在。批判的意义就在于在解构旧世界的基础上提出关于新世界的建设性主张。公共领域理论作为社会批判理论，其目的正是在于以批评当代社会的不合理因素为基础，提出建构未来新社会的实践路径。如果这部著作仅仅停留于提出一种解释公共领域的方案，而并没有据此指出未来社会的建构方向，那么公共领域理论也就失去了社会批判的意义。

（二）公共领域理论的基本内容

《公共领域的结构转型》大致可以分为三个论证阶段："代表型公共领域"阶段、资产阶级自由主义的公共领域阶段和社会福利国家转型时期的公共领域阶段。"代表型公共领域"是指的以国王和封建领主的政治、经济和法律权力为基础，表现为"高贵"社会地位的特定标识："如权力象征物（徽章、武器）、生活习性（衣着、发型）、行为举止（问候形式、手势）以及修辞方式（称呼形式、整个正规用语），一言以蔽之，一整套关于'高贵'行为的繁文缛节。"① 虽然这种领域也具有"代表的公共性"，但是严格来说它并不属于哈贝马斯所说的公共领域范畴。哈贝马斯真正所指的，是资产阶级自由主义的公共领域，它最早脱胎于 17、18 世纪的英、法、德的"公众舆论"领域。公众舆论的发生空间主要是咖啡馆和沙龙，它的物质载体则主要是报刊，"它是在受过教育和知情的公众有能力形成某种意见之后在公众讨论中形成的"②。能够参与公众舆论形成的是有教养的阶层，也就是有产者阶层。

---

① ［德］于尔根·哈贝马斯：《公共领域的结构转型》，曹卫东等译，学林出版社，1999 年版，第 7 页。

② ［德］于尔根·哈贝马斯：《公共领域的结构转型》，曹卫东等译，学林出版社，1999 年版，第 77 页。

　　资产阶级公共领域的雏形是文学公共领域，它主要由咖啡馆和沙龙当中的阅读公众所构成。在文学公共领域中，公众培养了理性的批判能力，并掌握了如何使用话语工具。通过文学公共领域，人们开始关注商品交换和社会劳动领域中的公共事务，并围绕公共权力的运作展开充分的讨论和协商，构建起政治公共领域。文学公共领域和政治公共领域先后出现，共同构成了资产阶级公共领域，这就是哈贝马斯所论证的公共领域的最为经典的形式。这一公共领域处于与公共权力相对立的地位，对公共权力展开批判。只有经过批判、符合公意的公共权力才具有合法性。但是，现代资本主义面临的问题在于，公共领域的这种批判性、独立性在社会福利国家中受到了损害。由于垄断资本主义和国家干预主义相继出现，一方面，公共媒体逐渐为垄断企业和政府所控制；另一方面，为维护社会公平，国家构建起社会福利体系，政府和大型企业承担了原本属于家庭的生产、劳动、抚养、教育、保护的责任，个体的生活既得到了保障，也受到了控制，个体也就渐渐失去了自身的独立性。在这两方面的作用下，公共领域原有的批判性和独立性慢慢消失了。

　　原来的文化批判的公众转化成了文化消费的大众，而批判的公共性也转变成为受到操纵的公共性。文化产品为寻求销路而迎合大众口味，逐渐把自身变为一种消费品。原本以批判的、公开的、独立的公共讨论为特征的舆论话语不复存在，公众只是被动地接受大众传媒的宣传。思考和批判逐渐成为知识分子群体的专有活动。在政治意见的表达上，公众被纳入到投票机制当中，只能以组织化的方式按规定表达意愿，事实上对公共权力不再具有监督和纠正作用。具有影响力的话语权逐渐成为政党的专有物。各种社团和政党乃至政府只是在需要公众支持的时候，才会选择性地为公众意见提供表达渠道。大众媒体完全沦为舆论管理的工具，议会也成为不同利益集团相互博弈的场所。至此，公众也不再关注议会中的实质讨论，而是对政治持有一种漠不关心的消费态度。

（三）公共领域理论的根本目的

哈贝马斯写作《公共领域的结构转型》的目的，也就是为了回应公众舆论批判性沦落，丧失对公共权力的监督和影响能力的问题，他的意图在于重构公共舆论的批判性和监督作用。他也认为这是现代西方资本主义面临的普遍危机，而解决这一问题就是这部著作的旨归。哈贝马斯正是使用资产阶级公共领域范畴作为一杆标尺，为当代社会重构公共舆论的批判性、监督性、独立性提供方向。他说，"我的主要目标在于从 18 和 19 世纪初英、法、德三国的历史语境，来阐明资产阶级公共领域的理想类型"①。也就是说，资产阶级公共领域范畴是一种从英、法、德的历史语境中抽象出来的理想类型，它可以作为理论分析的工具，剖析出、反映出现代资本主义发展所面临的真正问题所在，这就是公共领域范畴的工具性本质所在。

从历史事实上来看，并不存在明晰、有形、确定的公共领域。根据哈贝马斯的论述，如果从公共领域在历史上曾经寄居的物质外壳来看，它最早只存在于咖啡馆和沙龙，只是有产者阶层的阅读小组等公共讨论活动，这些既非严格的、体制化的组织，也无固定的、常规的场所，并且没有明确的政治批判目的。它对政治的批判功能，只是公众在文学公共领域中所培养出的理性批判能力在政治议题上的具体运用，是文学批判在政治领域中的自然延伸。归根结底，从有形的方面来看，公共领域只是公众所进行的各种文学批判和政治批判活动，而从无形的方面看，公共领域就是社会的文学和政治批

---

① ［德］于尔根·哈贝马斯:《公共领域的结构转型》，曹卫东等译，学林出版社，1999 年版，1990 年版序言第 2 页。

判功能，它是一种舆论力量，并不是真实存在的一个组织或实体性的领域。

从以上的分析可以看出，给公共领域下一个明晰、确定的定义是困难的，这一点既为哈贝马斯所承认，也让研究公共领域的许多现代学者深有感触。造成这一困难的关键在于，人们习惯将"领域"作为"空间"的含义来理解，而又将"空间"等同于"物质空间"，从而寻求公共领域的物质空间形式。事实上，这是一种实体性思维，它不能将"领域"理解为人与人之间所构筑的一种关系，没能从社会发展的客观需要的角度理解到，这种关系只是社会健康发展所必需的一种功能。本质上来说，公共领域是社会的自我监督、自我批判、自我调整、自我净化的功能，其作用和目的在于保持社会有机体的良好运行。这一功能满足了社会的客观需要，因而是实际存在的，但这并不代表它是一种实体性的存在。即使是没有实体性的外表，只要社会中的某种人类活动发挥了公共监督、公共批判的作用，也就可以说这一社会存在着公共领域。只有在此基础上，即舍弃了对公共领域的有形外表的僵化坚持，哈贝马斯所说的在社会福利国家中重构具有批判性、独立性的公众舆论的目标才能实现。重构公众舆论，就是重新恢复社会的自我监督、自我批判和自我调整的能力。

许多学者也都认识到了这一点。有学者指出，"可以把哈贝马斯的公共领域大概理解为一种通过理性讨论、公开辩论而调和国家和社会需要的社会批判空间，具体而言指界于公共权力领域与纯粹私人领域之间的公民参与政治事务的空间，它内含着作为个体的社会公民与公共权力部门（主要是政府）之间的互动关系，这种互动关系主要体现为公民个体通过一定的传媒手段对公共权力领域保持一种批判性的监督，以有助于国家与社会的良性互动与协调发展。"①
还有学者指出，在库恩"范式革命"的意义上，公共领域范畴是分
析现代社会的主要工具，而且更为重要的是，公共领域范畴这一工
具被不加区分地应用于分析中国当代社会，已经出现了许多问题。②
"公共领域"是一个历史性的范畴，对它的理解不能脱离其历史语
境，否则就会出现水土不服、误导社会发展等诸多问题。

二、公共领域的文化与语境的限定性特征

（一）公共领域产生的西方文化语境

学界对于哈贝马斯的公共领域理论的关注，在于这一理论能够
给中国社会的发展带来一定的启示。由于中国与西欧有着不同的社
会历史发展脉络，因此在将公共领域范畴应用于中国情境之前，需
要明确的问题是：公共领域对中国社会意味着什么？中国是否存在
构建公共领域的基础？探讨公共领域理论对中国社会的意义，不能
将哈贝马斯所探讨的公共领域的形式和机制直接比附于中国当代社
会，因为不可能把哈贝马斯提出的资产阶级公共领域的理想模型当
作在中国建构公共领域的目标。而且，即使对于哈贝马斯来说，资
产阶级的公共领域模型也并不是现代西方社会的建构蓝图，它只是
用来诊断和矫正现代资本主义的问题的工具。事实上，哈贝马斯所
说的公共领域有着极其清楚的历史语境界定，这一历史语境就是16
世纪以来中世纪封建社会发展到近现代资本主义的西欧社会的历史
文化。

---

① 韩升：《哈贝马斯：公共领域的现代转型及其启示》，《社会科学战线》，2011 年
第 5 期。
② 邵培仁、展宁：《公共领域之中国神话——一项基于哈贝马斯公共领域文本考察
的分析》，《浙江大学学报（人文社会科学版）》2013 年第 5 期。

从公共领域的产生来看，哈贝马斯指出，"'资产阶级公共领域'是一个具有划时代意义的范畴，不能把它和源自欧洲中世纪的'市民社会'的独特发展历史隔离开来，使之成为一种理想类型，随意应用到具有相似形态的历史语境当中。……因此，我们把'公共领域'当作一个历史范畴加以探讨。"① 也就是说，公共领域的产生是以自欧洲中世纪以来发展的市民社会为基础的。更具体地说，公共领域来源于"公众舆论"，但是，也只有"17世纪后期的英国和18世纪的法国才真正有'公众舆论'可言"②。问题在于，中国是否存在"市民社会"？"市民社会这一观念基本上是西方历史经验与理论总结的产物，在中国并未存在过直接的对应形态。"③ 市民社会反映的是西方的社会自治，它建立在国家与社会二元、公私对立的基础上。然而，"中国的晚清未必适合现代化理论中国家与社会的二分法，又何来有个人法权意义上的'私'？"④ 既然市民社会主要来自西方社会经验和理论的总结，中国历史上也并无国家与社会二元对立的传统，只是到建立市场经济之后才出现了国家与社会两种价值主体，那么也就难以说中国存在类似于西方的市民社会。资产阶级公共领域以市民社会为基础，因此，公共领域范畴不能以直接的方式跨语境地运用于中国社会。

再者，从哈贝马斯指称公共领域所使用的描述性词汇来看，它

---

① ［德］于尔根·哈贝马斯：《公共领域的结构转型》，曹卫东等译，学林出版社，1999年版，第2页。
② ［德］于尔根·哈贝马斯：《公共领域的结构转型》，曹卫东等译，学林出版社，1999年版，第1-2页。
③ 邓正来：《关于"国家与市民社会"框架的反思与批判》，《吉林大学社会科学学报》，2006年第3期。
④ 邵培仁、展宁：《公共领域之中国神话——一项基于哈贝马斯公共领域文本考察的分析》，《浙江大学学报（人文社会科学版）》，2013年第5期。

们具有典型的西欧历史文化的特征。这些词汇所指称的对象，例如公共领域的空间场所和物质载体，所有与公共领域相关的物质形式，都是出自西欧社会和文化的独特产物。而且，构成公共领域的文学批判、公共讨论、社交等活动是西欧社会传统的一般生活方式。这就是说，资产阶级公共领域连同其所附着的、历史的、具体的物质形式，都是西欧社会发展的天然产物。如剧院、博物馆、音乐厅、咖啡馆、茶室、沙龙、宴会等，是西欧社会历史上独有的空间场所和活动，学术协会、阅读小组、共济会、宗教社团等机构，则是当时西欧社会特有的组织方式。① 更为重要的是，公共领域发端于公众舆论，而公众舆论的前身是文学批评与公共讨论，这些活动并非在每一个历史环境下都成产生，它们是与 17 至 18 世纪的西欧社会那些特有的空间场所和组织方式联结在一起的。这些文化形式并没有停止发展或消逝，现代的议会民主、政党机制正是由当时的各种社团及公共讨论形式等演变而来。

与之相比，中国虽然自古代起就出现了文学批判，乃至寄托政治批判的文学作品，如《红楼梦》。这些批判作品虽然对现实的鞭挞入木三分，但是与其相关的讨论却一般局限于文人层面。又由于文人与官员的阶层差隔森严，而其讨论也一般不为下层民众所关注，所以文学的现实批判尤其是政治批判就成为文人墨客的私有谈资，并不能对上层政权和下层人民带来影响和鼓动。加之，中国文化对自我修身的强调，侧重精神生活的内向维度，使得文人并不倾向于将现实批评发展为公共讨论，最终造成政治批判难以发展成为公众舆论。中国古代尽管存在酒肆、妓院一类供文人墨客聚集的空间场

① ［德］J·哈贝马斯、景天魁：《关于公共领域问题的答问》，《社会学研究》，1999 年第 3 期。

所，但最终没有形成像西欧17世纪至18世纪那样的机制性讨论组织。这都阻碍了文学公共领域乃至政治公共领域在中国的产生。

（二）西方社会的公共理性传统

公共领域源于长久以来的西欧文化的公共理性传统。公共理性的传统，标志着人们能够共同关注社会的公共事务与公共利益，并且愿意公开运用自己的理性，参与公共讨论。公共理性也意味着，每个人都能够独立自主地运用自己的理性能力，并因此对社会尤其是对公共权力采取一种批判的立场，监督公共权力的运行，从而对社会问题发挥预警的作用，以保证社会机体的健康。公共理性还意味着，人们能够充分以对话的方式进行交往，使用话语工具进行讨论，采取影响公共权力制定公共政策的方式达到目的，而不是诉诸暴力。可以说，公共领域的真正基础正是这种公共理性。

公共理性在西方有着悠久的历史传统。公共理性虽然是一个近代概念，但事实上，古希腊的城邦就已经诞生了公共理性精神及与之相关政治原则和政制，哈贝马斯在《公共领域的结构转型》开篇，就说明了公共范畴起源于古希腊的公共生活（政治生活）。① 萨拜因指出，"大多数现代政治理想——比如说，正义、自由、宪政和尊重法律等理想——或者是对这些理想的定义，都起源于古希腊思想家对各种城邦制度的思考或反思。"② 古希腊城邦公民也较早接受了公正、平等的原则，正是"主权在民和直接民主的城邦制度孕育了古

---

① ［德］于尔根·哈贝马斯：《公共领域的结构转型》，曹卫东等译，学林出版社，1999年版，第3页。
② ［美］乔治·萨拜因、托马斯·索尔森：《政治学说史（第四版）》（上卷），上海人民出版社，2008年，第30页。

希腊社会的民主平等观念"①，培养了公民对于城邦事务的关注和独立自主的意识。亚里士多德就已认识到，"人类所不同于其他动物的特性就在他对善恶和是否合乎正义以及其他类似观念的辨认"②，具有这种判断能力的人类的普遍理性就是公共理性。公共理性即要求"毫无偏私的权衡"，目标是"使事物合于正义（公平）"，而"法律恰恰正是这样一个中道的权衡"③。也就是说，法律就是公共理性的体现，是达致正义的途径。因此，亚里士多德指出，"法律是最优良的统治者"④，事实上意谓，公共理性是最优良的统治者。霍布斯主张，"我们不能每一个人都运用自己的理性或良知去判断，而要运用公众的理性，也就是要运用上帝的最高代理人的理性去判断"⑤。这里的公众的理性，就是公众所共有的普遍理性。霍布斯认为，"个人的理性就要服从公众，也就是服从上帝的代理人"⑥。

卢梭则指出，"公意是始终公正的，永远以公共的福祉为宗旨"⑦。因为，公意与众意不同，"公意只考虑共同的利益，而众意考虑的则是个人的利益；它是个别意志的总和。"⑧ 要形成公意，必须"让每个公民按照他自己的想法表达他自己的意见"⑨，在充分了解情况的前提下进行讨论，彼此之间不能相互勾结。这已经表达了理性的普遍与公开运用的思想。卢梭还认为，"世上是存在着一种完

---

① 杨仁忠：《希腊文明的形成机制与公共理性的历史源头》，《商丘师范学院学报》，2013 年第 5 期。
② ［古希腊］亚里士多德：《政治学》，商务印书馆，2011 年版，第 8 页。
③ ［古希腊］亚里士多德：《政治学》，商务印书馆，2011 年版，第 173 页。
④ ［古希腊］亚里士多德：《政治学》，商务印书馆，2011 年版，第 174 页。
⑤ ［英］霍布斯：《利维坦》，商务印书馆，2013 年，第 355 页。
⑥ ［英］霍布斯：《利维坦》，商务印书馆，2013 年，第 355 页。
⑦ ［法］卢梭：《社会契约论》，李平沤译，商务印书馆，2011 年版，第 32 页。
⑧ ［法］卢梭：《社会契约论》，李平沤译，商务印书馆，2011 年版，第 33 页。
⑨ ［法］卢梭：《社会契约论》，李平沤译，商务印书馆，2011 年版，第 33 页。

全出自理性的普遍正义的；但是，这一正义要在我们之间得到认同，就应当是相互的"①。如果理性不是公共的、普遍的，它也就无法导引出普遍的正义。在这个判断中，理性的公共性是自明前提。正是根源于公共理性的断定形成了公共意志。"这样，公众的智慧就能使理性与意志在社会体中结合起来，从而使各部分能完美地通力合作，使全体的力量得到最大的发挥。"② 公共理性贯彻于意志的诞生过程，最终形成以社会的共同福祉为最高利益的观念。直到康德，他才明确提出了近现代意义上的公共理性概念，指出"必须永远有公开运用自己理性的自由，并且唯有它才能带来人类的启蒙"③，也就是说，公共理性就是对理性的自主的、公开的运用。公共理性范畴经由黑格尔的赓续和发展，成为德国古典哲学的核心思想之一，并最终为哈贝马斯所继承。

与西方相比，中国古代并非没有公共理性的因素存在。孔子主张"复周礼"，就是说要恢复周朝的制度礼仪，因为依他看来，"周礼"是最完备的公共规范。他又主张"仁"，指出"夫仁者，己欲立而立人，己欲达而达人"（《论语·雍也》），这就是说人需要超越个体自身成就的限制，而追求与他人共同的成就。墨子主张"兼爱"，也就是指的人们彼此应当相爱互助。孟子所谓"王道"，是主张施行"仁政"，强调"得民心者得天下"，也即是说君主要有为人民谋取利益的公心，非不言"利"，但谋"公利"。直到后来的能臣名士大多强调以天下为己任，如顾炎武主张"天下兴亡，匹夫有责"。这种关心他人、关注天下，从公利出发，克制私欲的精神可以

① ［法］卢梭：《社会契约论》，李平沤译，商务印书馆，2011 年版，第 41 页。
② ［法］卢梭：《社会契约论》，李平沤译，商务印书馆，2011 年版，第 44 页。
③ ［德］康德：《历史理性批判文集》，何兆武译，商务印书馆，1990 年，第 25 页。

看作是公共理性的发显。但是这一公共理性在思想内核上与西方的公共理性有着本质区别。

古希腊的公共理性传统，指的是个体要有对政治生活的责任感，因此必须以个体身份参与公共讨论。它的前提是个体的独立地位，目标指向却是公共生活。因此亚里士多德强调法律是公共理性的体现，此公共理性是指的个体追求公共的善、至善的理性，而非个体理性建立的普遍同意。这一观念在霍布斯那发生了微转，霍布斯认为统治者应当服从上帝意志，而公众就是上帝的最高代理人，所以统治者必须服从公众理性。卢梭把其中公意的正当性进一步加强，指出公意代表最高理性、普遍正义。直到康德，才把公共理性定义为个体理性的公开运用。由此观之，西方的公共理性是建立在个体理性基础上的，只是致思指向为公共事务、公共生活。然而，中国古代的公共理性传统的出发点恰恰是公共存在本身，甚至对个体存在有意回避，也就是说，个体对政治生活的参与并不重要，人们更应当服从而不是主宰国家共同体的意志和活动。这就使得中国古代公共理性并未培养出类似于西方的人们参与公共讨论，并以公众舆论影响国家政治生活的机制。

尽管公共领域以公共理性为基础，但公共理性的培育却是以市场经济为基础的。只有在市场中，以功利主义为核心的现代个体理性才能形成。人们必定要为了实现某种私人利益或公共利益而活动，由于在此当中出现的价值取向多元化的趋势，才产生了公共讨论、寻找共识的必要性。这种讨论需要大众媒体作为表达公众意见的途径，同时需要不同的主张在议会中进行交锋和辩论，并最终通过协商形成公共政策。由此可以看到，如果没有公共领域，也谈不上现代的资本主义市场和议会民主。公共领域产生于西方社会的资本主义市场经济和议会民主政治，同时又服务于这两者，如果离开这个语境，哈贝马斯的公共领域范畴的内涵就需要得到重新考量。

在当前中国的政治架构中，并未采用议会政治。中国的人民代表大会制度强调不同社会阶层的人民都要有参政议政的权利，但是西方的议会政治强调的则是不同利益集团之间的博弈。人民代表大会主要是保证参政议政权利的广泛性和普遍性，而议会政治则基本是利益集团控制社会的工具。从这一点来看，当代中国社会的公共理性的基础要比西方社会更广泛、更具真实性。但是，市场经济是舶来品，中国当前完善社会主义市场经济的任务依然艰巨，这就使得个体理性的基础——经济个体仍面临构建任务。所以，以个体利益为基础、关注公共利益的个体理性的公共讨论在中国仍处尚待发展的境况，这也为构建公共商谈与话语领域造成了阻碍。

（三）文化消费主义及其批判

从哈贝马斯的公共领域理论所回应的问题来看，其所针对的正是现代西方经济、政治、文化领域兴起的垄断企业、国家干预和文化消费对公共领域功能发生消解作用的问题。哈贝马斯将之概括为操纵的公共性，具体来说，是垄断企业和政府通过大众媒体控制了社会的公共意识，使得公众舆论不复存在。媒体实质上成了社会权力话语方式的新形态，它与文化工业紧紧联系在一起。操纵的公共性既可以是通由无所不在的文化工业体现出来的控制，也可以是通过国家干预主义所实现的对社会生活的全面掌握。但是，哈贝马斯对现代资本主义文化的批判，一方面局限于对操纵的机制——大众媒体的传播模式和工具的批判，另一方面侧重于强调文化的商品化——市场模式对文化的内在价值和独立性的侵蚀，并没有揭示文化工业对人的整体生活方式尤其是对精神深层所带来的消极影响。事实上，哈贝马斯对文化消费的批判可以追溯至他的老师霍克海默对文化工业的批判，而在霍克海默那里，现代资本主义的文化消费、文化工业则得到了更为彻底的批判。

从总体来说，文化消费和文化工业是一体的。文化消费是文化工业的结果，文化工业则为文化消费提供产品。文化工业的特征在于，它被强加于大众，而大众却只能被迫接受。文化本应带给人类自由，但是文化工业却给人类带来枷锁。文化本来包含着人类理性的独立运用的成果，但是，随着文化工业的发展，这些作品"曾经表达过某种观念，但是后来却与观念一起消融了"①。这就是说，文化产品当中蕴含的批判性、独立性被遗失了。霍克海默对文化工业的批判颇为深刻，它将文化工业、文化消费的根基看作是资本主义的经济方式。在资本主义制度下，个体的特征实质上是阶级的特征，个体的特殊性也就被阶级的普遍性所取代。个体必须要表现为某种图式才能为社会所接受。资本主义的市场经济不仅赋予了个体自由的基础，更为重要的是它将每个个体都划归于一定的社会阶级。事实上，个体面对文化的普遍权力时无法反抗，反映的是个体无法反抗自己特定的阶级属性。霍克海默说："人们称为经济主体，成为企业家和大财阀的可能性，已经彻底消失了。"② 这也就是说，个体已经无法改变自己所属的特定阶层了。

因而，"以阶级形式存在的自我持存，使每个人都停留在类存在的单一层面上"③，从而，文化工业对待人的态度，就是"把人当作

---

① ［德］马克斯·霍克海默、西奥多·阿道尔诺：《启蒙辩证法：哲学断片》，渠敬东等译，上海人民出版社，2006 年版，第 112 页。

② ［德］马克斯·霍克海默、西奥多·阿道尔诺：《启蒙辩证法：哲学断片》，渠敬东等译，上海人民出版社，2006 年版，第 138 页。

③ ［德］马克斯·霍克海默、西奥多·阿道尔诺：《启蒙辩证法：哲学断片》，渠敬东等译，上海人民出版社，2006 年版，第 140 页。

类成员"①。在文化工业面前，没有特殊个体，只有某一个阶级的成员，而且他只显现为这个阶级所具有的普遍属性。与之相对应，文化产品也是以标准化的方式被生产出来，并被公式化地分配给每一个个体，而每一个个体也就因此成为模式化的存在。所造成的结果就是个体依附性以及观念的非批判性。

这也就是问题的所在：文化工业与个体文化消费之间的这种关系造就了公众的非反思、非批判性话语体系，这种体系窒息一切独立思考的可能。如果人们一旦想要反思和批判，就会发现根本没有相应的话语体系，甚至会发现整个社会对批判和反思的排斥态度。这也正是哈贝马斯所说的，公众的舆论丧失了独立性，失去了批判的能力。因而，文化工业从人的存在方式、思维方式和话语方式三个层面形成了对人的整体的控制，这也就是操纵的公共性的本质所在。资本主义的垄断企业和国家干预也是借助于这种文化工业，把大众媒体变为自己的宣传工具。文化工业对人的操控最终转变为社会权力对人的操控。这就是哈贝马斯在《公共领域的结构转型》所面对的真正问题：如何恢复公众舆论的批判性、独立性、公共性？

由上可知，无论是从公共领域的起源，还是从哈贝马斯研究公共领域范畴的话语方式、论证结构、现实指向，亦或是从公共领域的或者从西欧文化传统的基础，公共领域在原初的意义上都是一个严格限制于西欧社会历史、文化和现实的范畴。中国古代尚不具备形成公共领域的场所，公共理性也尚待现代化引导，虽然当代中国社会已经出现诞生公共商谈与话语领域的条件，但仍需提高政治的公共参与度以及推进市场经济。现实国情加上中国传统文化在当代

----

① ［德］马克斯·霍克海默、西奥多·阿道尔诺：《启蒙辩证法：哲学断片》，渠敬东等译，上海人民出版社，2006年版，第131页。

的余蕴，故而对公共领域的研究，必须从中国的传统文化和国情出发，找到公共领域范畴与中国现实的对接点，才能真正发现它对中国的当代价值。

三、公共领域对当代价值多元社会的意义

（一）现代社会的多元化特征

无论是中国还是现代西方社会都越来越呈现出多元化的特征，这种多元化一般表现相互联系的两个方面：利益多元与文化多元。

利益多元是市场经济发展的本来样态。市场经济作为建立在商品交换基础上的经济形式，本身就是以能够生产出不同商品的多元化主体的存在为基础的。这些主体因为性别、国别、能力、知识、教育等方面的差异，只能够完成与其相适应的从简单到复杂、从生产到服务的各项工作。伴随着科学技术的提高，人们开发自身的身体和智能以及自然资源的能力也大大增强，整个世界得到深度和广泛的开发，也因此产生了更多需要。这些多元化的需要只能通过多元化的工作来满足。在多元化的工作中，每一种工作都追求本领域内的最大利益，所以，这就造成了整个社会的利益需求的多元化。再者，由于人有着从物质到精神的各种全面的需要，所以每一个人在生活中也追求多样利益。正是社会发展的利益多元化需求和人的发展的利益多元化需求造成了当今社会利益多元化的现状。

有什么样的个人或群体就有什么样的利益。尤其注意的是当代社会职业利益的多元化状况，不仅同一职业内部存在着竞争，而且在不同职业之间也存在着竞争。当然，不同职业都满足了社会的不同需要，而且这些需要都是社会发展所必需的，所以，每一种职业都具有自身的内在目的。但是，社会是一个公共空间，是容纳多元职业的有限空间，所以，每一种职业在各行其是的时候则未必不会

发生彼此冲突。而且，虽然满足社会发展的需要是每个职业的内在目的，但是每个职业为维护本身的存在也有着职业利益，这些职业相互之间的内在目的和外部利益则很有可能产生矛盾。社会事务很多时候需要多项职业的共同协作，但有的时候，某些职业者只是在按照自身的职业要求去处理问题，或者仅仅为维护自身职业的基本存在条件，结果侵占或损害了其他职业者的资源，导致社会事务运动链条的受损或崩坏。

个体与群体之间也存在着利益的多元化，个体的利益是维护个体的存在，而群体的利益则是保证群体的持存。但是群体利益更加着眼于构成群体的个体之间利益的均衡，或者是不同于个体短暂生命当中的有限利益，这就往往需要抑制一部分个体追求利益的渴望或速度，补偿另一部分稍弱势个体的利益需求，而且为了群体自身的发展，群体的利益也往往需要个体利益的部分妥协。这些都是与个体利益的实现相矛盾的。如果把国家看作整体，而把社会看作个体的集合，那么，国家和社会就分别代表了不同的利益。"国家的本质特征，是和人民大众分离的公共权力"①，其目标是保护人民大众的利益，但又凌驾于人民大众之上。人民大众的利益可以看作是社会利益，国家利益并不完全与人民大众的利益一致。国家的政府必须维持自身的运转和社会的稳定，有时就是以牺牲人民大众的眼前利益为代价的。人民大众的利益是个体利益的集合，有时也并不能反映社会发展的需要。

对于西方社会来说，"大型组织、国家和社会内部公共性的消失，以及相互交往过程中公共性的退隐，都是由于未能扬弃不同利益的多元主义所造成的；这种多元主义使人们怀疑从中是否还能形

---

① 《马克思恩格斯文集》（第 4 卷），人民出版社，2009 年，第 135 页。

成一种可以作为公众舆论标准的普遍利益。"① 对于中国社会来说，从整个历史过程来看，利益主体从来都是多元的，人们属于不同的阶级和社会阶层，从事不同的行业就代表着不同利益。管子说："士农工商四民者，国之石民也。"(《管子·小匡》) 士、农、工、商分别代表了官仕和读书人、农民、手工业者、商人四种行业，也代表了中国古代社会最为基本的四种利益主体。士农工商不仅利益有别，而且文化各异。"是以人不兼官，官不兼事，士农工商，乡别州异，是故农与农言力，士与士言行，工与工言巧，商与商言数。"(《淮南子·齐俗训》) 所以不同利益主体所关注和探讨的问题都是不同的。

这种社会的利益结构一直到清末民初才受到外国侵略和社会动荡的冲击，整个社会更是分化为侵略者、封建地主、军阀、资产阶级、革命者、工人、农民等纷繁复杂的利益主体，彼此之间阶级、阶层利益不断冲突，文化、价值意识也相互对立或混杂。直至建国之后，社会才逐渐被划分为人民和敌人两大主体，又可以被细分为小资产阶级、农民、工人等利益主体，通过政治的权力干预，社会的利益主体划分才结束了过分复杂的情况。而自改革开放以来，随着市场经济的发展和完善，不同的经济主体又再次繁多起来，甚至每一个体、每一组织都可以代表不同的利益主体。

（二）现代社会的多元化挑战

现代社会的多元化特征构成了对现代社会的多元化挑战。利益多元化有可能会带来社会内部的冲突。尽管正是由于"这些不同的利益有共同的地方，所以社会联系才得以形成"，但是，"如果不同

---

① ［德］于尔根·哈贝马斯：《公共领域的结构转型》，曹卫东等译，1999 年版，第 265 页。

的利益不在某一点上达成一致的话；任何社会都不可能存在"①。在商业竞争中，这一点尤为突出。存在根本差异的利益主体之间很难达成共识，社会面临结构性冲突，至多也只能在整合原则基础之上达成暂时的妥协。但是，妥协远非共识，冲突仍未解决。尤其是社会危机和生态危机并不针对特定主体，而是针对全社会、全人类展现自身，所以利益多元社会对于当今的各种群体性事件、民族冲突、恐怖主义、生态危机应对乏力。

当代中国社会也面临着文化多元化带来的挑战。这一点可以从纵向与横向两个维度得到阐明。从纵向的维度来看，中国传统文化与现代文化相互交叉。传统文化可以看作是诞生自中国古代的神话、宗教、哲学、文学、制度、礼仪当中所蕴含的生活方式和精神观念，其中最为典型的是以儒家文化为基础的伦理道德规范。而现代文化则可以看作是启自西方思想传入中国，经过五四运动和革命战争洗礼，在社会主义制度下产生的新民主主义文化。此一新民主主义文化受到市场经济和对外开放的影响，逐渐形成了中国现代社会的文化，其突出特点是西方的价值观念和生活方式大量涌入，对中国人的生活产生深刻影响。生活中，传统文化与现代文化不断交锋。传统文化重视人情关系，讲求伦理亲疏不受制度框架的约束，而现代文化则强调规则意识和契约精神，要求人人守法、人人守约，诚信并非个人私德，而是遵守约定的公共道德；传统文化重视等级与统一，强调上下等级和社会一元治理，而现代文化则强调人人平等，社会应当民主多元治理。现代社会更为重视公平正义，而非维护等级伦理。传统文化与现代文化的交锋给我国的政治、司法实践带来许多挑战。

---

① 卢梭：《社会契约论》，李平沤译，商务印书馆，2011年版，第29页。

　　横向维度上，文化多元主要体现为东西方价值观念的冲突。首先，东方社会价值观念并不是一个整全概念，尤其是当今的东方已经融合了西方诸多理念，它本身就已纷繁复杂。东方社会既有强调"贵生""全生"，主张"人人不损一毫，人人不利天下"的杨朱思想（《列子·杨朱》），也有主张兼济天下，积极参政，为世间构建伦理规范的儒家精神，还有主张顺道无为、物我齐一的老庄思想，更无论强调清净脱俗的佛教主张，这些都构成了东方社会文化观念的多元景观。信奉所异，即将生活引致不同方向。生活各异的方式之间，常常无法协调，只能择其一种。再次，西方价值观念也并非一个整体概念，因为当代西方本身就是价值多元社会，突出的有个人主义与社群主义的冲突，消费主义、拜物主义对精神价值的冲击，民主与极权的对立等等，可以说，当代西方社会已经成为最为丰富的价值多元的场域。但总体来说，东方较为强调天下精神与集体主义，重视个体对社会的责任，主张和谐共融，西方则更为强调个体价值与个性张扬，主张社会要为个体发展服务，重视人人自由平等，所以在世界范围内的文化交流中，就往往出现在经济、政治、宗教等等观念上的冲突。这种冲突延续至一国之内，常造成国内的价值观念的分化，导致社会内不同价值观念所引致的生活方式之间的冲突。

　　（三）公共话语平台的构建及其批判意义

　　无论是利益多元还是文化多元所造成的冲突，往往带来人们对政治改革、经济发展和文化构建等问题看法的分歧，加剧社会的离散趋势。这不仅会危及稳定，容易造成资源浪费，而且会阻碍社会进步。这就迫使人们必须要找寻一种途径，建立一种机制来应对多元化。西欧社会文化与历史语境标示出哈贝马斯所说的公共领域的特殊性，而公共对话与社会批判则彰显了其普遍性。事实上，公共领域的实质也正在于它能够在社会的多元价值主体之间构筑一个公共对话平台，使得代表不同价值取向的观念能够以理性为基础，进行协商、商讨，以期在实现公共利益、管理公共事务的问题上达成一定共识。同时，由于国家与社会也分别代表不同的价值主体，社会当中的多元价值主体通过公共领域所构建的协商、对话机制，可以就社会的公共利益问题对国家公权力进行监督，提出要求，从而保证国家利益与社会利益之间的平衡。这样一来，公共领域也就不仅仅是社会主体共同形成的协商、对话关系，它更是社会的自我诊断与批评、自我调整功能，反映了现代的社会自治理念。可以说，正是公共领域所具有的普遍性的方面，才是其本质所在。

在当代多元社会，每一种合法的利益诉求、每一种文化都应当得到满足和尊重，而不应受到破坏、忽视或压制。但是由于多元利益与多元文化之间往往彼此冲突，这就造成并非所有的合法、合理的利益与文化都得到实现和尊重。虽然少数利益主体和文化主体的要求受到损害或压制并不会造成社会动荡，但是一旦一种社会的制度和机制运行日久，就会造成对某些利益主体和文化主体的持续忽视或压制，这就会使得社会这一部分的利益诉求与文化存在的问题日积月累，从而演化为一种社会的公共问题，就会给社会稳定带来影响。因此，对此类社会问题的及时发现尤为必要。但由于多元社会的主体、实践、过程无限多样，观念意识丰富复杂，社会又处于动态变易中，这就使得没有任何一种监督主体能够完全洞察所有社会问题，唯一的方法是使所有利益主体和文化主体都能自主反映自己的诉求和所面临的问题，从而引发社会公共关注。公共领域的特征就在于它是一种自我表达和对话机制，强调以协商促进共识，而不是用共识统一协商，把主动权交付各主体。这也就使得社会某一领域、某一部分的问题可以及早暴露，从而给社会以提前预防的机会。

　　总而言之，现代社会的多元化在当代引起的问题都需要在多元对话、共同协商的框架内加以解决，舍此也无法形成合理的、有效的社会批判话语。对当代中国来说，必须一方面培养公共理性，为公共对话奠定基础，另一方面推动公共权力运行的公开化和透明化，同时维护大众媒体的公共性与独立性，为公众行使监督权、表达意见提供条件和渠道，才能发挥公共领域理论在当代中国的真正价值。

第四章

价值多元社会中的公共道德标准重构

价值多元社会中是否存在具有公共性的道德标准？人们对此的回答莫衷一是。道德相对主义者否认普遍性道德标准的存在，这在一定程度上造成了社会的道德观念混乱，甚至导致道德虚无主义。但是由于现代性对工具理性的重视，市场经济中个体理性的崛起以及民主原则的广泛接受，道德普遍主义却又难以说服众人。人们是否仅仅为实现经济利益和政治诉求而可以随意选择道德标准？此种灵活的选择却有直接取消道德标准存在的必要性的可能。道德的本质在于约束和禁忌，如果标准不能统一，就意味着道德标准选择的随意性，这也就意味着人们可以为自己的行为找到各种各样的道德合理性依据。当前社会的行为失范、道德水平下滑与此有直接的关系，这就为寻找公认的道德标准以完善社会道德建设提出了要求。本文就试图从道德主体性这一角度对此问题做出回应。

一、价值多元化的本质——主体性差异

（一）价值多元主义的理论渊源

价值多元主义是道德多元主义的根源，正是由于价值原则的多元化才导致了价值判断和价值追求的多元化，从而才造成了道德标准和道德实践的多元化。因此，首先考察价值多元主义的理论渊源，有利于澄清道德多元主义的理论根据。

以赛亚·柏林是现代价值多元论的首倡者。"价值多元"当中的"元"含有根本、本质的意思。按照柏林的论述，对多元的价值观来说，"这些价值同等真实、同等终极，尤其是同等客观；因而生活不可能被安排在一种永恒不变的等级秩序之下，或者是用某种绝对的标准来判断"。① 多元价值观认为，在多元价值中拥有不止一种终极性、根本性价值，而且各有其充分的合理性，不可以被取消或吞并。多元的价值观造就了价值多元主义。在柏林看来，"多元主义"是指"客观目的、终极价值都有很多，其中一些和别的不相容，不同时代的不同社会，或者同一社会的不同群体，整个阶级、教会或种族，或者其中的个体，各自有可能发现自己面对的是互不相容的、彼此冲突的主张，然而，这些主张又都是同样终极、同样客观的目标"。② 多元主义价值的出现，是当今价值标准混乱，行为失范的重要原因。在一种价值观下看似缺乏道德感的行为，以另一种价值标准衡量可能恰恰是合乎道德要求的。不正义的行动，也可以将自身解释为实现正义的必须手段。在社会价值观的纷繁和不断转向之中，人们渐渐失去了对道德性的判断力。

对于人们在都具有一定合理性的道德观之间选择的困难，约翰·格雷提出了一个折中的办法，主张"权宜之计"的伦理理论。"'权宜之计'的目标不可能是平息价值观之间的冲突，而是调和那些崇尚彼此冲突的价值观念的个人和生活方式，使之共同生活。"③ 而这一伦理理论的基础是他所理解的"价值多元主义"。"价值多元

① ［英］以赛亚·柏林：《扭曲的人性之材》，岳秀坤译，译林出版社，2009 年版，第 81 页。

② ［英］以赛亚·柏林：《扭曲的人性之材》，岳秀坤译，译林出版社，2009 年版，第 82 页。

③ ［英］约翰·格雷：《自由主义的两张面孔》，顾爱彬等译，江苏人民出版社，2002 年版，第 6 页。

主义最基本的主张是，存在着许多种相互冲突的人类生长繁衍方式，其中一些在价值上无法比较。在人类可以过的许多种善的生活当中，有一些既不会比别的好，也不会比别的差，它们也不会具有同样的价值，而是有着不可通约的——也就是说，不同的——价值。"① 他对价值多元主义提出了新的规定，即"不可通约性"。"通约"（Commensurability）是一个数学概念，它是指首先用求"最小公倍数"的方法使分母不同的两个分数得以"通分"，然后加以计算，继而再用求"最大公约数"的方法使繁分数得以"约分"。所以，它本是一个科学化、理论化的抽象概念，只不过在近代的社会科学家那里，"通约"被用于指称不同理论之间的翻译、还原关系。

有人也用"不可相容性"来代替"不可通约性"，但事实上，这两者分别代表了理论和实践的两种诉说角度。不可通约一般指的是两种理论体系之间没有"公度"，或者二者之间不能彼此单向或双向还原，或经过还原后，二者的最终根据是互相反对的。然而，不可相容性则是指在实践中不可能针对同一行为同时选择两种根据不同的价值标准，因为不同根据的价值标准所造就的行为是彼此冲突的。例如在战争中，选择支持一方的正义行为必须以承认另一方的不正义为前提。对此，乔治·克劳德将其进一步阐释为四个主要成分："普遍性、多元性、不可公度性和冲突性。"② 而其中，"不可公度性"又可以被阐释为三个规定："首先是不可比性；其次是不可衡量性；第三是不可排序性或者至少是难以排序性。"③ 在此尤其值得

---

① ［英］约翰·格雷：《自由主义的两张面孔》，顾爱彬等译，江苏人民出版社，2002 年版，第 6 页。
② ［英］乔治·克劳德：《自由主义与价值多元论》，应奇译，江苏人民出版社，2006 年版，第 2 页。
③ ［英］乔治·克劳德：《自由主义与价值多元论》，应奇译，江苏人民出版社，2006 年版，第 50 页。

注意的是柏林和克劳德对不同价值之间的"非等级性"的强调。

　　不同价值体系之间的不可通约性、不可相容性也就说明了价值多元化的特征。尽管随着科技的进步，人类活动范围的扩大，以及实践前提条件的改善会使得社会为不同的价值选择提供更为包容的环境，但是针对同一实践的不同价值判断之间依然是互斥的。在当代，究竟是选择保护环境为主，还是经济发展为主，必须二者择一。生态环境和经济发展必须主次分明，不可能置于同等地位。在市场经济社会，到底是社会经济发展以人的自由和利益为目标，还是个人的发展必须服从社会整体的发展，二者之间也不可能同时并重。在一段时期和一定的经济条件之下，只能选择以其中一个目标为重。在传统文化与文化的现代化之间，究竟是以传统文化化解现代文化，还是以现代文化解构传统文化，二者之间也只能以一者作为主线。正是因为不同价值之间不具有等级关系，所以不同实践目标之间无法形成包含关系，也就无法在实践中对之予以统一、同等对待。这关乎社会主体的选择，以及如何在保持不同目标主次有别的基础上，又实现其间的不可偏废。

　　柏林提出价值多元论的目标是驳斥"价值一元论"。这一一直可以追溯到柏拉图的理论自古希腊到 19 世纪以来，都是西方伦理思想的核心。尤其在科学主义盛行的今天，人们对待价值问题也像对待自然科学一样，试图从中得出唯一真理。但是，柏林认为，"从原则上可以发现某一个单一的公式，借此人的多样目的就会得到和谐的实现，这样一种信念同样可以证明是荒谬的。"① 柏林否认了不同价值观之间和谐共存的可能性。继而，他说："完美的世界，最后的解

---

① ［英］以赛亚·柏林：《自由论》，胡传胜译，译林出版社，2003 年版，第 242页。

决，一切美好事物和谐共存，这样一些概念，对我来说，并不仅仅是无法实现的——这是不言自明的道理——而且它在概念上也不够圆融；我不能够理解，这种和谐究竟意味着什么。有些至善是不能够一起共存的。这是概念上的事实。我们注定要面对选择，每一次选择都伴随着无可挽回的损失。"① 正因为不同价值观之间无法和谐共处，所以，人们选择的自由权利才尤为重要。他认为，自由的价值在于"它本身就是目的，而不是从我们的混乱的观念、非理性与无序的生活，即只有万能药才可救治的困境中产生的短暂需要"。② 自由的价值就在于赋予人类以理性重构自身生活的能力。

（二）价值多元主义与价值相对主义的区别

列奥·施特劳斯对柏林的思想提出了批评，他认为柏林的价值多元论就是价值相对主义。他说："柏林的表述就是自由主义危机的标志性文献——此危机源于自由主义已抛弃了其绝对主义的根基，而且试图变得完全相对主义化。"③ 而相对主义即"宣称对于选择者来说，所有的目标都具有相对性，因而相互平等"。④ 如果所有的价值选择对于人类来说都是平等的，所有的价值标准都是相对的，那么事实上也就抹煞了一切道德的可能性，就会让人们认为无所谓崇高，也无所谓卑鄙，就会为道德虚无主义的滋生提供土壤。罗伯特·科奇的看法是，柏林的观点是"对缺乏任何可合理发现的结构的

---

① ［英］以赛亚·柏林：《扭曲的人性之材》，岳秀坤译，译林出版社，2009 年版，第 17 页。
② ［英］以赛亚·柏林：《自由论》，胡传胜译，译林出版社，2003 年版，第 242 页。
③ ［美］列奥·施特劳斯：《古典政治理性主义的重生——施特劳斯思想入门》，郭振华译，华夏出版社，2011 年版，第 60 页。
④ ［美］列奥·施特劳斯：《古典政治理性主义的重生——施特劳斯思想入门》，郭振华译，华夏出版社，2011 年版，第 57 页。

一种道德描述，这种缺乏使人们选择这种价值（甚至选的不是自由这种价值）而不选择其他任何价值时没有了合理的基础"。① 也就是说，价值多元论导致人们在做出任何一种价值选择的时候，都无法找到充足合理的理由，这也就变相地取消了所有价值选择的合理性，使得人们的每种道德选择都有可能备受攻击。

但是柏林并不同意人们对自己的这种批评，他认为自己的价值多元论与道德相对主义有着本质不同。首先，不同文化之间、同一文化不同主体之间、同一主体在不同时间、同一时间主体对同一对象所持的价值观之间可能是不相协调，甚至相互冲突的，但是，"这种事实并不会牵扯到价值的相对主义，而仅仅意味着一种并非等级结构的、价值多元性的概念"，尽管不同价值观之间的矛盾有可能长期存在。② 而相对主义，则既能是"个体以及群体的观念和态度均无一例外地取决于变化多样的环境因素（比如，在社会结构的演变中他们的地位），或者是生产关系，或者遗传的、心理的以及其他方面的原因，或者是这些因素的综合"③，又能是"一个人，或一个群体，其判断仅仅是表达或者陈述某种口味、情感倾向或看法，因此，只判定是什么的问题，而与分清它的对与错没有什么客观的联系"。④ 简言之，相对主义就是承认个体要么不可能拥有根植于其内在选择的稳定的价值观，要么只能根据情感倾向、口味等纯主观的

---

① 王敏、马德普：《价值多元论与相对主义——论以赛亚·柏林对价值多元论的辩护》，《天津师范大学学报（社会科学版）》，2012 年第 4 期。

② ［英］以赛亚·柏林：《扭曲的人性之材》，岳秀坤译，译林出版社，2009 年版，第 82 页。

③ ［英］以赛亚·柏林：《扭曲的人性之材》，岳秀坤译，译林出版社，2009 年版，第 79 页。

④ ［英］以赛亚·柏林：《扭曲的人性之材》，岳秀坤译，译林出版社，2009 年版，第 82 页。

因素做出道德选择。

然而，柏林并不同意相对主义的看法。他说，"多元论——不同客观目的的不可通约，甚或是不能比较——并非相对主义；更不是主观主义，也不是所谓的无法逾越的、情绪态度的分歧"。① 因为，"客观价值的世界是存在的"，也就是说，有可能"人们只是为了那些目标本身而去追求它们，其他的东西都以它们为目的"。② 而且，柏林也不认为价值多元论意味着道德选择可以毫无底线、毫无限制，因为尽管"生活的形式有种种不同。目标和道德原则也是多样的。但是，也不是无限之多：它们必定还是在人类的视域之内。若非如此，那就超出人类的范围了"。③

（三）价值原则的主体向度的客观标准

约翰·格雷认为，柏林虽然强调价值原则是多元化的，但是柏林并没有否认任何一种价值原则都具有客观性，在此基础上，他把柏林的价值多元论概括为"客观价值多元化"。他说："纵观柏林的著作，他不断地强调，尽管生活在不同文化中的具体的生命践履不同的价值观，终极价值是客观的和普遍的——同样这些价值也是相互冲突的。"④ 价值多元化不意味着没有终极价值，而是说终极价值并不止一种。客观价值意味着价值本身由终极价值衍生而来，并不是人的主观任意的创造，而终极价值本身也是来源于人类客观的生存状况的。施特劳斯在将柏林的价值多元论称为相对主义的时候，

① ［英］以赛亚·柏林：《自由论》，胡传胜译，译林出版社，2003 年版，第 89 页。
② ［英］以赛亚·柏林：《扭曲的人性之材》，岳秀坤译，译林出版社，2009 年版，第 15 页。
③ ［英］以赛亚·柏林：《扭曲的人性之材》，岳秀坤译，译林出版社，2009 年版，第 15 页。
④ 杨晓：《以赛亚·柏林客观价值多元主义探微》，《郑州大学学报（哲学社会科学版）》，2011 年第 2 期

可能并没有同时看到柏林对自身想法的另一剖白："在人类历史上，在不同的社会中，大多数的人普遍持有某些价值……普遍的价值即便不多，最低限度总是有的，没有它人类社会就无法生存。"① 例如，其中"最起码的公共义务，就是要避免极端的痛苦"。②

事实上，从"价值关系说"的角度来看，价值是客体对于主体的意义。随着主体的不同，价值也就有所差异。有所差异并不代表每一种价值都是假的，而是代表在同一时刻的同一条件下，对同一主体和同一客体来说，不可能所有的价值都是真的，都是可以选取的。古人所说的"舍生取义"，指的就是在面对"义与不义"的生死关头，人们只能选择其中一者。在当代社会，人的存在究竟是为了物的生产，即人的"异化"，还是物质繁荣以为人服务为目标，二者也只能择其一。其关键问题就在于以谁为价值关系的主体。如果以社会发展为价值主体，在选择正义还是选择生命的紧要关头，必须选择以正义为标准，即舍生取义，在这里不存在"中庸之道"；如果以人为主体，必须选择消费品为人服务，而不能使人成为物的奴隶。确定了价值关系的主体，多元价值就会向统一和协调的方面转化。问题在于，在社会的范围内能够确立统一的价值关系主体吗？换句话说，道德标准的统一主体存在吗？这就要从道德标准的根本性质谈起。

二、道德标准的根本性质——社会性尺度

（一）道德标准的相关学说

到底是谁建构了一个社会的道德标准？道德标准到底依据谁的价

---

① ［英］以赛亚·柏林：《扭曲的人性之材》，岳秀坤译，译林出版社，2009 年版，第 22 页。

② ［英］以赛亚·柏林：《扭曲的人性之材》，岳秀坤译，译林出版社，2009 年版，第 21 页。

值标准来定？对这个问题，伦理学家们给出了不同的答案。但概括来说，主要有道德相对主义、功利主义、实用主义和道德普遍主义，在道德相对主义中，又因道德主体或是个体或是群体而有所区分。道德相对主义不认为人类社会有统一的价值体系，它认为道德标准或因主体的状况的差异而不同，或随主体所处的环境而变。功利主义诉诸"最大幸福原理"，强调道德的判断标准必须是社会上最大多数人的利益和幸福。实用主义则强调道德适应环境的"实用性"。道德普遍主义认为人类存在先验的、绝对的、一元的价值体系。

存在主义的道德哲学主要表现了一种相对主义，萨特的思想是其中代表。萨特认为，道德的主体只能是个体，道德选择和道德行为的出发点只能是自我。他认为只有通过主体的道德行为才能证实主体是有道德的，不存在先天德性。这也是其经典命题"存在先于本质"在道德哲学领域的体现。他认为主体拥有自由选择的权利，因此必须为此承担起责任。行为的根本依据只能在于自己的选择，而不能诉诸上帝或任何其他先天的、普遍性的道德要求，否则就是一种寻找借口的不真诚行为。因此，道德标准只能被归结于不同个体的自我选择，而其之所以被当作道德相对主义也恰在于此。然而，萨特虽然主张道德行为只能从自我的选择中寻找依据，但这并不意味着他同意将个体描写为抽象、孤立存在的个人。

萨特认为人是社会关系中的存在。在他看来，个体在做出自我选择时，也同时为别人做出了选择，甚至为整个人类做出了选择。自我选择的自由必须以他人的选择自由为前提，追求自我的自由也必须追求他人的自由。每个人在做出选择的时候，必须要考虑"若是人人都这样做，那怎么办?"① 因此，每一个人在做选择的时候，不仅承担着自己的责任，也承担着人类的责任。存在主义虽然如此重视选择和行为的主体性，但是萨特却表示，他并不同意一般地以人为目的和最高价值的人道主义，因为他认为，"人"永远都是在"生成"中，在这个过程里，人远还未达到真正的"人"。所以人不能作为目的。但是，他也反对把人当作工具。他所主张的人道主义，是将人看作主观性和超越性相结合的个体：一方面，人除自己的主观外，别无立法者；另一方面，人必须超越自身，在自身外寻求解放自己或实现某种理想的目标，才能成为真正的"人"。萨特的道德哲学主要建构在笛卡尔"我思故我在"的命题之上，事实上他承认了个人在选择道德标准中的决定性地位。

　　道德相对主义的另一代表人物是尼采。从尼采晚期的思想来看，尼采主张道德必须能够反映个体的生命意志、冲动和欲望。新时代的道德标准必须从个体的价值出发而得到建构。相比之下，大众的、普世性的道德标准是平庸的道德，继而是一种"恶"。事实上，尼采并非一个彻底的非理性主义者，毋宁说，他对理性与非理性之间分野的看法与常人的看法是不同的。他认为，公众的普遍道德是一种信仰，人们遵循道德要求是出于一种盲目性，因而是一种非理性激情，而他所要构建的是植根于个体的独立精神的道德。个体不必盲从大众，而需要毫不畏惧、独立地面对世界，可以说，这是一种更伟大的理性。而他所提到的生命的冲动、欲望和激情，毋宁说只是一种打破公众的普遍道德信仰的手段和途径。从他对理想道德人物的描写来看，他主张的是勇敢宣示自我的独立个体。"权力意志"是

---

① ［法］让－保罗·萨特：《存在主义是一种人道主义》，周熙良译，上海译文出版社，2012年版，第9页。

一种顺应个体的"自然"的精神力量,这是一种从自身产生、具有严整法则的力量,而非主观任意。实质上,他认为道德普遍形式只是对人性的禁锢,而人应当发挥自身的灵魂深处的力量。

道德普遍主义的主要代表人物是康德。康德将其道德哲学建立在道德规律的普遍必然性上,认为道德规律来自于纯粹理性的推理,因而具有先天的普遍必然性。据此,他提出了普世伦理观。他认为个人的道德准则必须要符合必然道德律,意志要保持与实践理性的统一。道德准则必须以"定言命令式"表达,并因此成为绝对道德律令。康德认为道德行为必须完全由自由的实践理性做出选择,并根据意志自律做出负责任的决定。"责任就是由于尊重规律而产生的行为必要性。"① 康德尤其强调行为动机,即一个人只有以履行责任为内在目的、而非仅仅为了合乎责任的外在要求所做出的行为,才是道德行为。道德准则必须完全排除经验的影响,与道德律保持统一,因而"除非我愿意自己的准则也变为普遍规律,我不应行动"②。在这里,康德就表达了道德准则必须具有普遍性的观点。康德的道德哲学的主体是抽象的理性主体,排除了人的经验、爱好、感情等。他反对功利主义,反对道德还要以外在的幸福为目的。而且,道德的标准并非来自于人,最终被推究到上帝那里。

功利主义和实用主义比较注重从经验的和实际的层面研究道德的问题。功利主义道德主张"功利原理"或"最大幸福原理",即以能否促进人的普遍利益或能否减少其不幸为标准,代表人物是边沁和穆勒。边沁指出了功利主义的根本原则,"功利主义的标准不是指行为

---

① [德]伊曼努尔·康德:《道德形而上学原理》,苗力田译,上海世纪出版集团,2012年版,第12页。

② [德]伊曼努尔·康德:《道德形而上学原理》,苗力田译,上海世纪出版集团,2012年版,第13页。

者自身的最大幸福,而是指最大多数人的最大幸福"。① 因此,功利主义以社会共同体的普遍利益为道德判断的标准。穆勒则明确说明,社会共同体既可以是道德的主体,既可以是国家、民族、社会、社群,也可以是人类。他所主张的幸福并非动物性的欲望,而是指的人类的高级官能的愉悦,包括智慧和友谊。在他看来,道德判断必须以公共利益为准。边沁将共同体的利益看作是"组成共同体的若干成员的利益的总和"。② 因此,无论是个人利益的增加,还是共同体利益的增进,二者都值得追求。穆勒认为个人利益与共同体利益和谐才是社会共同利益的最大实现,所以"功利主义首先要求法律和社会安排应当尽可能地让个人的幸福或个人利益与全体利益趋于和谐",其次需要通过教育和舆论建立个体将自身利益与全体利益紧密相连的意识。③穆勒赞赏为了人类普遍利益而牺牲个人利益的行为。

实用主义把道德看作是适应经验环境的工具,不赞成任何僵化的道德规范形式。詹姆斯指出,道德总是与人的感知性相联系,道德价值是由人的创造的,舍此无道德价值可言。而且道德价值无所谓真假,它以主体的"最深邃和最深刻"的旨趣为标准,"在他自己的主体性事实之外,世界上不存在任何道德"。④ 从这个角度出发,他认为从客观上来说,从个人主体性出发总会得出道德多元论,但是另一方面,道德哲学家却不能放弃寻求关于众多的"善"的共

---

① [英]约翰·斯图亚特·穆勒:《功利主义》,叶建新译,中国社会科学出版社,2009 年版,第 18 页。

② [英]边沁:《道德与立法原理导论》,时殷弘译,商务印书馆,2000 年版,第 58 页。

③ [英]约翰·斯图亚特·穆勒:《功利主义》,叶建新译,中国社会科学出版社,2009 年版,第 28 页。

④ 万俊人、陈亚军:《詹姆斯文选》,社会科学文献出版社,2007 年版,第 336 页。

同本质的努力，以期获得普遍的、公正无私的道德标准。他重视现实生活，认为道德不可能被抽象地推演出来，而必须和现实生活相结合；道德也不可能由哲学家的自我宣称而创造，而必须在具体的实际行动中得证。归根结底，道德的价值必须以是否有利于"最佳整体"为标准，最大限度地满足共同体的风俗习惯。① 因此，哲学家所需要探讨的是最大范围的善，最具包容性的善。他的最高理想是一个既能满足自我理想、又能维护他人存在的世界。

（二）道德标准的历史唯物主义分析

根据历史唯物主义，道德并非个人的意识创造。说道德是由人创造的，这是把人作为"类存在"来看待的。马克思指出，"人是类存在物。不仅因为人在实践上和理论上都把类——他自身的类以及其他物的类——当做自己的对象；而且因为——这只是同一种事物的另一种说法——人把自身当做现有的、有生命的类来对待，因为人把自身当做普遍的因而也是自由的存在物来对待。"② 因为人是作为"类"存在的，所以人类的需要也就对每个人来说具有普遍性。对于每个人来说，食物、安全、健康、有运用自己理性的自由等具有普遍的价值，而能满足这些需要也是道德行为的先决条件。而柏林也指出，尽管人们的价值目标"或许难以调和，但是他们的多样性并非是无限的，因为对人性来说，不管有多么复杂、多么善变，只要是还可以称之为人，其中必含有某种'类'的特征"。③

马克思认为，道德是在人们的经济关系的实际基础之上构建起

---

① 万俊人、陈亚军：《詹姆斯文选》，社会科学文献出版社，2007年版，第346页。
② 《马克思恩格斯文集》（第1卷），人民出版社，1995年版，第161页。
③ ［英］以赛亚·柏林：《扭曲的人性之材》，岳秀坤译，译林出版社，2009年版，第82页。

来的。他指出，"人们自觉地或不自觉地，归根到底总是从他们阶级地位所依据的实际关系中——从他们进行生产和交换的经济关系中，获得自己的伦理观念。"① 人的道德观念是对经济关系的反映，是由他所属的社会关系决定的。根据经济关系的层次，社会就可以划分为不同的阶层、阶级，每一个人的道德观念，事实上反映了他所属的一定社会阶层或阶级的共同的道德观念。而每个人在提及自己阶层或阶级的道德标准的时候，都潜在地把它当作社会普遍的道德标准。这就意味着，这种普遍性的倾向是任何道德标准的内在本性。

将道德的本质定义为社会性并不是道德普遍主义。一方面，社会性不同于普遍性，它承认个人有选择自己的道德标准的自由，但是个人的道德标准也是社会性的。另一方面，道德的社会性也承认了道德本身的实践性，道德标准是与人们的感性实践联系在一起的，它会随着人们所面临的经验、环境的变化而变化，而且，在不同的历史时期人们也会有不同的道德评判标准。但是，道德的社会性说明，道德标准并非人的纯主观创造，故而可以任意改变，无限多样；也不承认道德标准完全跟随个人的变化而变化。因为，从人类实践的角度来讲，生存、安全、精神进步是人类存在的基本需求，舍此人类就不可能存在。道德的社会性只意味着，在任何时候都不能把道德标准看作是与他人无关的私人选择，而必须考虑到一定道德标准可能造成的公共影响。

三、公共道德的建构——多元中的统一

（一）中国社会的公德问题

在华人传统中，个人一般对于公共利益或陌生人的利益，感觉相

---

① 《马克思恩格斯选集》（第 3 卷），人民出版社，1995 年版，第 434 页。

当模糊。而且，梁启超也在《国民浅训》中说："我国人……一涉公字，其事立败。"以这种观点来看待中国近代社会发展，的确是许多社会问题的根本原因。个人缺乏对公共事务的关心，故而难以团结，各自为计，故而容易使得事业分崩离析，难以持久。即于近代历史上军事事件，真正能够以天下为己任的官员或将领惟占少数，而且人人对公共事务有一看法，但又彼此不愿协调，真正做事之时又各计较私利得失，不肯统一行动，共同用力，故而于军队未出，事业始启之际，已自败了一半。所以这实在是中国诸多社会问题之根结。

　　中国传统社会缺乏公共领域的概念，对公共领域的界限缺乏清晰的认知。什么是公共领域？"对公德问题而言，公共领域最主要的内涵就是公共场合。公德观念的一个基本前提是，人们要对公共场合与私人场合作区分。一般而言，公共所有或向公众开放的空间属于公共场合。但公共场合与私人场合的差别，并不完全取决于空间的性质，空间中人群的组成也是一个重要因素。一个只有同学、朋友或家人的电梯，可以算是私人场合，当一个陌生人走进来后，它的性质就起了变化。在公共场合，行为应当自我约束，尽量遵守规章，避免妨害他人或破坏公共利益。"① 有一些人将只有在私人场合中才能谈论的话题和做出的行为不自觉地延伸到了公共场合，也可以看作是中国传统社会缺乏清晰的公共领域概念的表征。但是公共场合并不等同于公共领域。一般地来讲，公共领域是"个人与公共财产或无特定关系人所构成的共同场域。这个场域包括两个部分：其一，公众使用的空间；其次，个人行为对私人关系圈外所能造成影响的范围。这个场域的第一部分主要是空间的性质。第二部分则是以行为影响力的范围——而非特定的时空因素——来做界定，当

---

① 陈弱水：《公共意识与中国文化》，新星出版社 2006 年版，第 29 页。

个人的行为可能对私人生活以外的人产生明显影响时，这个行为就处于公共领域"①。

华人社会的文化现代化都是由外力引起的，并且都具有急遽性，也就是说都在很短的时间内发生了体制、经济、政治、思维方式等的重大变化。同时，华人社会的现代化又带有单一性和片面性的特点，即经济发展占主导和领先地位，社会的其他方面相对滞后。华人本土的非物质性的、"软体性"环境，如政治组织、教育制度、种种形式的法律和规范，却并没有跟上社会的物质要素的发展。也就是说，人的观念和行为远不能与环境的变化相配合。但是，要避免环境变化给人的生活和品质带来无法收拾的恶劣影响，使人的发展更为顺利，则必须在观念、行为与环境之间取得某种程度的平衡。现代化所带来的巨大变化是公共领域的极度扩大。陈弱水指出，公共领域"并非单指公众共同拥有的空间，而是指社会中一切与公众（或非特定他人）利益有关的行动所构成的场域或生活层面"②。现代人在日常生活中，也必须时刻以开放的状态与陌生人处于公共所有的空间中。由于居住形态趋于密集，只有极少活动不会引起公共后果。但是与此种状况相左的是，华人社会的文化却往往缺乏相应的公共意识与清晰的公共领域的概念。

传统中国文化的公共性低落的原因，陈弱水总结了三点：第一，从社会结构来说，中国最主要的操控力量是由自然性的人际关系所构成的网络，如家庭、宗族、乡党等，而政府以及社会学上所谓的次级团体（个人为达成共同目标而自愿结成的组织）与人民的日常生活发生关系的机会较少。在这种情况下，人们缺乏公共生活的经

---

① 陈弱水：《公共意识与中国文化》，新星出版社 2006 年版，第 30 页。
② 陈弱水：《公共意识与中国文化》，新星出版社 2006 年版，第 51 页。

验，而与之相关的公共价值系统也就自然不易发展成型。第二，传统中国的价值系统是以特殊主义为指向的，强调个人以不同的价值标准对待与自己关系不同的人，重视特殊主义式和差别性价值。第三，"中国文化的主要性格在重实利，但过重实际，则乏远见精思，个人所谋者无非一己之私利"，公益必受损伤。而且，"与公利相比，个人或与个人密切相关之人的利益本较具体，其得其失，对个人所产生的影响、感受十分直接。公利之为物，则甚为抽象，不易捉摸，其得其失，对个人未必有明显的冲击。就个人生活的短期、直接经验而言，公利之失甚至常可为私利之得"。①

（二）公德与私德之辩

"公德"并非梁启超自创，而是在日本产生。早在明治时代，福泽谕吉就将"德"分为"私德""公德"，将"智"分为"私智""公智"。而"公德"就是"与外界接触而表现于社交行为的，如廉耻、公平、正直、勇敢等叫作公德"。在他看来，私德、公德之间并无本质差别，将道德由私人范围发扬至广大人群，遂成公德，因此，构建公德的关键，在于找到如何从私德扩展至公德的路径。这一路径，在他看来，就是"智"，即凭借现代知识技术使道德获得普遍的实现。② 从日本的公德来看，其主要是指"个人对公共秩序及社会其他成员所应有的责任和爱心"，内容包括："一是个人在公共场所和对集体利益应有之行为，另一则是对社会生活中的其他人——主要是陌生人——应有的态度与举止。"③ 在 19 世纪、20 世纪的日本，公德最主要的不是一种政治伦理、集体主义，而主要是社会伦理，

---

① 陈弱水：《公共意识与中国文化》，新星出版社 2006 年版，第 63 页。
② 陈弱水：《公共意识与中国文化》，新星出版社 2006 年版，第 8 – 10 页。
③ 陈弱水：《公共意识与中国文化》，新星出版社 2006 年版，第 11 – 12 页。

并不强调个人对集体的效忠。①

"公德基本上也是个社会伦理观念，更重要的是，它有两个特性：第一，它大多用来指称不作为或消极性的公民行为。……公德的另一项特性是，它常与法律或公共场所的规则有关。……公德行为与守法行为有很大的重叠。"② 也就是说，根据陈弱水的分析，公德并不意味着个人需要对社会有特殊的贡献或牺牲，它只需要最低标准——个人要遵守与公共秩序有关的法规的期望，"公德主要是指不作为性的、避免妨碍公众或他人利益的行为"③。这也就是"消极的公德"与"积极的公德"的区分。"积极的公德"是指积极行使公民的权利，主动为大众谋福祉，参与公共事务，从事公益活动等，所对应的表达，"消极的公德"是"不要做什么"，"积极的公德"是"要做什么"。在陈弱水看来，积极的公德与消极的公德有高度的分离性，积极的公民行为不一定能导致消极公民行为的改善。与之相联系，政治的民主化与社会的公德水准也不一定成正比。所以，公德的构建，必须从积极要求和消极禁止两方面同时作为。

对传统的中国文化来说，最为注重的是社会中的私德。私德也是社会性的，只不过，私德是建立在私人关系的场域中的，而公德则建立在社会公共的、公开的场域中。费孝通研究指出，中国传统道德的私德特征是由人际关系的"差序格局"所造成的。差序格局是指以自己为中心向周围的人拓展而去所形成的社会关系，是一种伦理结构。因此，中国的伦理就表现为一个以差等次第、亲疏关系为特征的社会秩序。费孝通说："社会范围是从'己'推出去的，而推的过程里有各种路线，最基本的是亲属：亲子和同胞，相配的

---

① 陈弱水：《公共意识与中国文化》，新星出版社 2006 年版，第 11－13 页。
② 陈弱水：《公共意识与中国文化》，新星出版社 2006 年版，第 16－17 页。
③ 陈弱水：《公共意识与中国文化》，新星出版社 2006 年版，第 17 页。

道德要素是孝和悌。……向另一条路线推是朋友，相配的是忠信。"① 此外，还有被孔子所提出的"一个笼罩性的道德观念"——"仁"，而"仁这个观念只是逻辑上的总和，一切私人关系中道德要素的共相"。② 无论是"孝悌"，还是"忠信"，抑或"仁"本身，都是维系的私人之间的基本伦理规范，而对于社会的公共的道德状况，中国社会中奉行的则是"各人自扫门前雪，莫管他人瓦上霜"的原则。这使得许多中国和西方学者都把公共意识的缺乏作为中国传统文化的一个特点。

但对现代中国来说，私德与社会的公共性之间的矛盾已经日渐凸显。许多传统原则在现在看来已渐渐变得不合时宜。现代社会已经逐渐转变为市场经济的社会。市场经济的主体是追逐私人利益的个体，在共同逐利的过程中，"每个人为另一个人服务，目的是为自己服务；每一个人都把另一个人当作自己的手段互相利用。……（1）每个人只有作为另一个人的手段才能达到自己的目的；（2）每个人只有作为自我目的（自为的存在）才能成为另一个人的手段（为他的存在）；（3）每个人是手段同时又是目的，而且只有成为手段才能达到自己的目的，只有把自己当作自我目的才能成为手段，也就是说，每个人只有把自己当作自为的存在才把自己变成为他的存在，而他人只有把自己当作自为的存在才把自己变成为前一个人的存在，——这种相互关联是一个必然的事实，它作为交换的自然条件是交换的前提"。③ 这就使得每个人的私人利益已经逐渐联系起来，并与社会利益密不可分。一种共同利益，即维护每个私人利益之间必不可少的联系，便应运而生。尽管这种共同利益并非个人行

---

① 费孝通：《乡土中国　生育制度》，北京大学出版社，1998 年版，第 33 页。
② 费孝通：《乡土中国　生育制度》，北京大学出版社，1998 年版，第 34 页。
③ 《马克思恩格斯全集》第 30 卷，人民出版社，1995 年版，第 198 页。

为的最终动因，但是这种关联却不得不得到正视。维护这种关联，就需要人们树立公共意识，维护公共秩序。否则，大家就会失去追求私人利益的可能。而公共意识必然以国家和社会的公共利益为基础，公共秩序也是以维护公共利益为目的。

维护公共利益的行为，就可以看作是合于公共道德的行为。公共道德可以简称"公德"，它与私德不同。梁启超在中国思想史上第一次把"公德"与"私德"相对举而进行研究。他从当时民族危亡的背景出发，针对如何才能救亡图存的问题，对国人的道德进行反思。他认为，中国人自古重私德而轻公德，所以在危难之世却没有匡扶社稷的公共责任感。公德就是要利国利群，私德才是独善其身。"国"是指国家，群是指"社会"。梁漱溟将这二者合一理解，概括为"团体"。他指出，中国人缺乏团体生活的公共观念，而较为注重个人生活。到了现代，李泽厚对公德与私德概念进行了"转化"，他将公德转变为"社会性道德"，主要指社会准则和社会义务，而将私德转化为"宗教性道德"，主要指的个人安身立命之本。社会性道德，主要建立在以私利为目标的理性个体的社会契约基础之上。此外，黄显中还认为，公德与私德之分在于道德的适用领域、即公共领域与私人领域之分。① 陈晓平则认为，公德是主要借助于理性功利计算、以增进最大多数人的利益为目标的道德，私德则是诉诸情感和直觉、以增进他人利益为目标的道德。② 而在《西方哲学英汉对照辞典》当中，则直接将公共道德等同于法律规范，将私人道德

---

① 黄显中：《公德与私德》，《光明日报》2003 年 7 月 8 日，第 6 版。
② 陈晓平：《公德私德研究——兼评张华夏和盛庆琜的道德理论》，《开放时代》2001 年 12 期。

看作只能由公共舆论加以范导，却无法以法律加以约束的规范。①

从以上的分析中可以看出，公德主要有如下特点：第一，公德以维护或增进社会的公共利益为目标；第二，公德服务的对象是国家、社会或集体；第三，公德具有公共性，向公众公开，受公众监督；第四，公德注重理性。而私德则有如下特点：第一，私德以个人美德或他人的个体利益为目的；第二，私德服务的对象是个体，或自我，或他人，在增进他人利益的同时，自我也获得了道德感的满足；第三，私德主要限于私人空间，不对外公开，并且不受公共价值标准的评价；第四，私德诉诸情感、直觉等非理性因素。但无论公德与私德之间有多么不同，梁启超、李泽厚等思想家都一致认为，公德与私德是联系在一起的，是道德的一体两面，是关于道德的辩证法（dialectic），而非道德的两分法（dichotomy）。其区别在于，从辩证法的角度来看，道德的社会性是其本性，但是在不同条件和对象的情况下，它或表现为公的特性，或表现出私的特性，但二者并非两种道德，而是一种道德的两种表现，并且各自以对方的存在为前提。如果将其理解为两分法，那么公德和道德就是道德的两个部分，它们之间是割裂的，公德在场则私德不在场，反之亦然——这显然并不符合社会现实。社会性的人，在何时都是"公"与"私"两个方面的结合物。

由于公德和私德是社会道德中辩证结合的两方面，所以需要对二者进行比较和分别。首先，在价值多元社会中，人是公的方面与私的方面的结合，虽然每个个体都可以根据自己的理性来选择道德标准，但是在这些道德标准中，毕竟可以分为会对他人和社会造成

---

① ［英］尼古拉斯·布宁、余纪元：《西方哲学英汉对照词典》，人民出版社，2001 年版，第 837 页。

影响的部分与不会对他人和社会造成影响的部分。在其中，不会对他人和社会造成影响的道德标准，只与自己有关，不会波及他人，在这种情况下，如何选择道德标准就是纯属个人的行为。这在当代尊重个人的主体性，尊重个体理性的背景下是允许的。但是，如果自己的道德标准有可能会对他人甚至整个社会造成影响，此时依然坚持个人主义，就会变得非常不合理，因为这是对他人的主体性乃至社会的群体主体性的漠视，甚至是侵犯。所以，在私人领域之外，就要适用公共道德标准。那么个人在处理与他人关系的时候也必须适用公共道德标准吗？是否可以在不影响社会其他人的前提下，二人通过协商来处理利益纠纷？而事实上，这种以协商处理个人问题的方式本身就是依据"公平、平等"的公共道德标准制定出来的。从以上分析来看，区分公德与私德有利于在价值多元社会中为"可以自由选择道德标准的领域"与"必须选择大家共同同意的道德标准的领域"之间划界，从而进一步解决价值多元社会中道德标准多元化所引发的矛盾。

（三）公共道德与公共意识的培育

公共道德标准的主体是整个社会。以赛亚·柏林指出，"在不同的时空和文化之间，彼此的交流之所以可能，仅仅在于使人之为人的东西对他们来说是相通的，是他们沟通的桥梁。"① 这种"使人称之为人"的东西，正是"人性"，也正是人的类存在的本性。人作为一种类存在，他的本性是社会实践性。对当代来说，人们的社会生活所面对的客观需求是基本一致的：（1）对生存和健康的要求；（2）对和平和安全的渴望；（3）对生活水平的改善；（4）自己的政治诉求得以表达，社会理想得以实现；（5）拥有满足的精神生活。

---

① ［英］以赛亚·柏林：《扭曲的人性之材》，岳秀坤译，译林出版社，2009 年版，第 15 页。

这些需求与人类过去的需求之间存在较大差别，但归根究底，它们并没有改变来自于一定历史阶段的社会实践的客观本性。正是由于市场原则逐渐成为全球的主导原则，在社会化生产大的分工和组织下，全世界才日益联系成为一个整体，更遑论其中某一个具体的国家或社会了。人们之间加强交流与联系已经变成客观需要，而且越是在经济发达的社会，这种需要就越为强烈。在此，公平、平等、正义、自由也就成为更具体的价值的实现。

以赛亚·柏林最终还是提出了维护多元价值平衡的希望。他说，"或许我们所能做的最佳选择就是，努力在不同的人类群体和不同渴望之间寻求某种平衡（显然是一种不稳定的平衡）——至少要阻止他们相互排除对方的冲动，而且要尽可能地去阻止他们相互伤害——在最大程度上促进他们相互的理解和同情，尽管这是永远不可能彻底实现的事情。……一旦采纳了这种意见，也许就可以阻止彼此残杀，并且最终使得世界得以保存。"① 这就意味着，在现代社会中，公共道德最主要的内容就是尊重每个人的主体性，并努力在不同主体的利益之间维持一种平衡。这就需要人们做到以下两点：

首先，人们需要树立公共意识、公共观念。必须以公共理性作为判断"合理性"的依据。以赛亚·柏林是这样解释"合理"的："合理意味着我的选择并不是任意的、无法做出理性辩护的，而是可以依据我的价值范围来解释——我的生活计划或方式，即一种不得不作为较高层次的整体观点，这种观点与构成我所属社会、国家、政党、教会、阶级和种属的其他人的整体观点相联系。"② 这就是

① ［英］以赛亚·柏林：《扭曲的人性之材》，岳秀坤译，译林出版社，2009 年版，第 50 页。
② 王敏、马德普：《价值多元论与相对主义——论以赛亚·柏林对价值多元论的辩护》，《天津师范大学学报（社会科学版）》，2012 年第 4 期。

说，自我判断的合理将不仅仅是符合个人理性，更重要的是符合公共理性。人们必须在把自己看作是社会中的一个成员的基础上理解自身，意识到自身与社会的发展休戚相关，需要对社会负责。

公共意识在人们的心理中沉淀为一种自然而然的习惯和心理状态之后，人们就会产生附着于其上的情感、意志和思维模式，即公共精神。公共精神是一种理性、开放的精神，始终以实事求是的态度看待自我与他人和社会，客观地认知自我与他人和社会之间的实际关系，而不是去回避这种关系。抱有公共精神的人，实在地承认自身的局限性和外在于自身的一切对象的复杂性，但却又不安于这种局限性，始终寻求超越自身局限性，以更多地认识周遭世界，掌握更多改造周遭世界的能力。所以，富有公共精神的人始终以积极的态度向周遭世界学习，并且始终保持着与其他人和整个社会进行交流的开放心态。再者，他承认包括其他人在内的每一个个体都在生活、意识方面有着特殊性，但是他也认为，任何一个人都不应或不能够仅仅局限于和沉浸于这种特殊性之中，因为这个世界是自我与其他所有人共处的世界，所以维护所有人之间的这种共存、共处、共生、共荣才是最为重要的事情，这是每一个人生存和发展的基本条件。因此，具有公共精神的人强调要以公共的视野来看待个人的生活、想法和问题，在人类共同生活的视野下，来关注自身生活中的各种存在和各种问题。

公共精神对于一个国家和民族的发展也是极为重要的。面对经济全球化和世界一体化趋势的增强，如果隔绝本国、本族与世界其他国家和民族的交流，就等于将人类文明进步的所有成果拒之门外，就等于把自身排除在整个人类的进步之外。过分强调本民族文化与其他文明和文化不相容之处，恰恰是舍本逐末，忽略了本民族文化的特殊性正是以人类文明的各种文化的共性为基础和前提条件的。

所以，推动人类的普遍进步，是内在于每个民族的发展要求中的。如果仅局限于本民族的特殊性的发展，而罔顾人类的普遍追求和普遍利益，甚至将二者对立起来，只能是故步自封，背离人类的根本利益。以公共精神来看待特殊国家和民族的发展，正是要始终保持着对外来文明和文化的开放姿态，将其优秀的成果看作是人类文明进步的共同成果加以吸收，才能不断地为本国和本族的发展提供新鲜血液，开启新的目标和境界。

　　其次，人们还需要严格遵守法律。经过公德与私德之间的区分，现在就可以在道德和法律之间予以划界。法律依靠的手段是制裁和惩罚，它对人们的生命、财产权利和社会关系予以强制性调整，维护的是社会的"底线伦理"，必须建立在明确的是非观念之上。但是在社会中有一些事并不能明确地以是非观念来判断，如公交让座，广场舞扰民等，而这些行为又确实存在于公开场所，造成公共影响，这就需要诉诸公共道德标准。公共道德标准比法律具有更强的灵活性，在具体的情况下可以得到具体地阐发而应用，而且它以协调和平衡为主要手段，更能在处理过程中尊重每个相关者的主体性。遵守法律本身是公共道德的一个必然要求，遵从公共道德首先要遵守法律。在现代社会，人们的公共道德意识最重要的内容之一即法制观念，选择以法律作为处理问题的首要手段。只有在法律没有规定的情况下，才可以诉诸道德途径。法律是充分考虑国家、社会、个人三方利益的规范，是当代公共性最强的规范。只有树立了法制观念，才表明个人的确意识到了个人与国家、社会是一个整体，才说明真正树立起了公共意识。严格遵守法律，也就为公共道德发挥作用提供了一定的领域。

第五章

论人的公共性存在

人的社会存在总体来说包含两种属性：公共性与私独性。其中，公共性是人的存在的根本属性。但是在现代市场经济条件下，这一属性往往处于被遮蔽的状态，使得人们不能自觉地加以维护和实现，从而导致个人、社会、国家之间产生一定矛盾。唯有从客观上认识人的公共性存在，并在实践中予以主动地实现，才能促使个人、社会、国家之间关系的良性发展。

一、人的物质生产和精神生产的公共性

（一）人的物质生产的公共性

人的公共性存在就是人的社会存在，公共性是社会的一种属性，它是相对于社会的个体性而言的。社会的个体性，意指将社会看作是个体的结合，从而将社会存在归结为个体存在。然而公共性则反映出社会的另一特征，即社会是由个体之间相互联系而形成的一个整体，将社会归结为整体性的存在，其中每个个体的属性都是由社会的属性决定的。公共性与个体性相结合，就反映了社会的总体特征。

人类所从事的物质生产和精神生产都是公共性的生产。总体上来说，物质需要和精神需要是人的必然需要，都需要通过物质生产

和精神生产来满足。其中，物质生产活动是人类存在的基础性活动。马克思指出，"人们在自己生活的社会生产中发生一定的、必然的、不以他们的意志为转移的关系，即同他们物质生产力的一定发展阶段相适应的生产关系。这些生产关系的总和构成社会的经济结构，即有法律的和政治的上层建筑竖立其上并有一定的社会意识形态与之相适应的现实基础。物质生活的生产方式制约着整个社会生活、政治生活和精神生活的过程。不是人们的意识决定人们的存在，相反，是人们的社会存在决定人们的意识。"① 也就是说，物质的生产活动在整个社会生活中处于根本的、基础性的作用，物质产品不仅用于满足人的生存需要及其他物质需要，而且能够用于精神生产，满足人的精神需要。由于物质生产既决定了人的生存，也决定了精神生产的物质材料和条件，所以它是包括精神活动在内的其他一切社会活动的根源和基础。

物质生产是人类存在的决定性因素，只有依靠物质生产及物质产品的消费，人类才能生存和发展下去。正因如此，物质生产贯穿人类社会发展始终。资本主义的生产方式是现代社会的物质生产的主要方式，在马克思看来，资本主义的生产过程主要包含生产、分配、交换、消费四个环节。由此构成的现代社会的物质生产的最大特点在于，它是一种具有公共性的生产。因为，社会的生产"始终是一定的社会体即社会的主体在或广或窄的由各生产部门组成的总体中活动着"②。也就是说，物质生产始终是社会各主体、各生产部门共同进行、相互配合的活动。这可以从两个方面进行理解：首先，每个个人所进行的生产首先是一种公共性的生产。因为，他只是参

---

① 《马克思恩格斯选集》第 2 卷，人民出版社，2012 年版，第 2 页。
② 《马克思恩格斯全集》第 30 卷，人民出版社，1995 年版，第 27 页。

与整个社会物质生产的一个成员，他所依凭的物质生产资料来源于社会的生产，同时他的劳动产品也并不直接为自己占有，而是进入社会的分配和交换。可以说，他不直接生产自己所需要的产品，他的物质生产也不以占有自己的产品为目的。对他来说，产品一经完成，"生产者对产品的关系就是一种外在的关系，产品回到主体，取决于主体对其他个人的关系"①。如果不以他人的需要为中介，他就不可能获得满足自己需要的产品。其次，每个个人的物质生产的目的在于交换。交换意味着生产者之间的全面依赖，而"这种相互依赖，表现在不断交换的必要性上和作为全面中介的交换价值上"②。因为，"只有通过交换价值，他自己的活动或产品才成为他的活动或产品，他必须生产一般产品——交换价值，或本身孤立化的、个体化的交换价值"③。这种交换价值在现代社会由货币所承载，而货币正因其作为一般等价物，其本身既具有公共性，又反映了现代社会个人的物质生产的公共性。也就是说，"每个个人的生产，依赖于其他一切人的生产；同样，他的产品转化为他本人的生活资料，也要依赖其他一切人的消费"④。

（二）人的相互交往的社会性

公共性的本质就是人的行为的互助性和利他性。⑤ 在黑格尔那里，互利互助、全面依赖的关系被称为"需要的体系"，它是指，"通过个人的劳动以及通过其他一切人的劳动与需要的满足，使需要

---

① 《马克思恩格斯全集》第 30 卷，人民出版社，1995 年版，第 35 页。
② 《马克思恩格斯全集》第 30 卷，人民出版社，1995 年版，第 106 页。
③ 《马克思恩格斯全集》第 30 卷，人民出版社，1995 年版，第 106 页。
④ 《马克思恩格斯全集》第 30 卷，人民出版社，1995 年版，第 105 页。
⑤ 刘太刚，"公共利益法治论——基于需求溢出理论的分析"，《法学家》2011 年第 6 期，第 7 页。

得到中介，个人得到满足"①。这意味着，满足他人需要是满足自己需要的前提和条件，"于是彼此配合，相互联系，一切各别的东西就这样地成为社会的"②。所以，每个人的生活、福利以及权利"都同众人的生活、福利和权利交织在一起"③，为他即为我，为我即为众。在马克思看来，这一过程的关键在于人们对私人利益的追逐，"每个人为另一个人服务，目的是为自己服务；每一个人都把另一个人当作自己的手段互相利用"④。因而，"共同利益恰恰只存在于双方、多方以及各方的独立之中，共同利益就是自私利益的交换。一般利益就是各种自私利益的一般性"⑤。这种辩证的态度就是马克思理解共同利益和私人利益的特点。共同利益和私人利益都不是绝对的、各不相关的、抽象而又独立的存在，相反，在现代社会，共同利益正是每个人追逐私人利益这一普遍性的利益。实现个人利益是现代社会、即以资本主义的生产方式为主的市场经济社会的物质生产的根本动因。

　　市场经济的"需求的体系"突破了地方性的局限，就会扩展成为"世界市场"。马克思指出，"资产阶级，由于开拓了世界市场，使一切国家的生产和消费都成为世界性的了。……过去那种地方的和民族的自给自足和闭关自守状态，被各民族的各方面的互相往来和各方面的互相依赖所代替了"⑥。也就是说，资本主义的生产方式

---

① ［德］黑格尔：《法哲学原理》，范扬、张企泰译，商务印书馆，2010 年版，第203 页。

② ［德］黑格尔：《法哲学原理》，范扬、张企泰译，商务印书馆，2010 年版，第207 页。

③ ［德］黑格尔：《法哲学原理》，范扬、张企泰译，商务印书馆，2010 年版，第198 页。

④ 《马克思恩格斯全集》第30 卷，人民出版社，1995 年版，第198 页。

⑤ 《马克思恩格斯全集》第30 卷，人民出版社，1995 年版，第199 页。

⑥ 《马克思恩格斯选集》第1 卷，人民出版社，2012 年版，第404 页。

使全球不同的国家、地区和民族之间形成了彼此分工合作的互利关系，而且，个人的生产也越来越直接地参与到全球的生产中去。

但是物质生产的公共性不仅体现为生产过程的公共性，而且体现为物质产品本身的公共性。物质产品是一种物品。在经济学领域，物品可以分为公共物品与非公共物品。虽然学界对非公共物品的定义的意见不一，但是对于公共物品却有着相对一致的看法。那就是，"公共物品是指那些具有公共性的事物。公共性的事物可以指具有非排他性的事物，也可以指具有非竞争性的事物。具体包括三类：一是具有非排他性和非竞争性的事物；二是具有非竞争性但有排他性的事物；三是具有非排他性但有竞争性的事物"①。这种公共物品又被称作"公共品"②或"公众共用物"③。公共物品大致包括自然环境与资源以及社会的公用物，例如社会的各种公共设施、公共场所等。一般来说，并不存在绝对地非排他性、非竞争性的纯公共物品，因为一定的物品总是为某个具体的组织或个人所有，所以它总会具有一定的排他性；加之，地球的资源总是有限的，所以，某些自然资源的利用必然引起竞争。所谓的公共物品的非排他性与非竞争性总是具有一定前提条件的。

天空、空气、海洋、河流等自然资源所具有的非排他性、非竞争性最强，因为它们是天然不可分割的整体，而且内部始终处于流动之中，所以，在最一般的意义上，每个人都是平等地享用它们的。但从更细微的层面来说，每个地区的空气和水源的质量以及资源丰

① 沈满洪、谢慧明："公共物品问题及其解决思路——公共物品理论文献综述"，《浙江大学学报（人文社会科学版）》，2009 年第 6 期，第 135 页。
② 陈国权、于洋："公共品的生产和分配：两种不同的行政逻辑——兼论民主行政的适用性"，《浙江大学学报（人文社会科学版）》，2014 年 5 月。
③ 蔡守秋："论公众共用物的可持续供给"，《江汉论坛》，2014 年 12 月。

富的程度是有差别的，它们往往为本地区共同体所私自独占，而且排斥其他共同体及个人的使用。再者，林地、土地、矿产、野生动植物等自然资源由于其实际价值并不直接可利用，而且一般属于某一国家的特殊资源，所以只有得到政府和法规允许、并且具一定开采能力和技术的人才能利用。再者，道路、广场、公园、港口等各种公共设施，它们只是在政府的管理下具有非排他性，而且由于它们对人口的承载能力总是有限的，所以也只是一定范围内的人们通过竞争才能享有。

一个社会的公共物品往往满足了这个社会的最基本的物质需要，关乎社会成员基本的生命、安全、教育等要求，也关乎社会的运转和基本秩序的维持，所以公共物品对社会及其成员来说具有基础性意义，因此，公共物品在社会的物质生产中也居于基础性地位。社会的物质生产以公共物品为基础，这就体现了物质生产的公共性。

（三）人的精神生产的公共性

人满足精神需要的精神生产也是公共性的活动。对人的存在来说，除物质生产是社会的根本性活动之外，精神生产也具有基础性的意义。精神生产起源于社会分工。马克思指出，"分工只是从物质劳动和精神劳动分离的时候起才真正成为分工"[①]，而"分工和私有制是相等的表达方式"[②]。精神劳动就是精神的生产活动，这也就意味着，精神的生产最初是伴随着分工和私有制而产生的。"分工使精神活动和物质活动、享受和劳动、生产和消费有不同的个人来分担这种情况不仅成为可能，而且成为现实"[③]。也就是说，正是由于社

---

① 《马克思恩格斯选集》第1卷，人民出版社，2012年版，第162页。
② 《马克思恩格斯选集》第1卷，人民出版社，2012年版，第163页。
③ 《马克思恩格斯选集》第1卷，人民出版社，2012年版，第162-163页。

会的私有制，才使得一部分人能够在私有财产的保障下专门从事精神生产。精神生产是由社会的整体状况决定的，而且它与物质生产构成完整的社会分工，与物质生产相互联系和依赖。精神生产为整个社会提供了精神产品。

从精神生产的过程来看，首先，精神生产所凭借的物质材料和条件是社会的物质产品。尽管从最根本的意义上来说，精神产品是无形的，但是它却往往需要借助一定的物质形式、附着在一定的物质载体之上才能存在。精神的基本的物质形式是语言，而语言的本性就在于它是社会的产物。语言的内在要求在于表达，书籍、雕塑等精神的物质形式都可以看作是语言表达的多种方式。精神产品总是包含两个方面：物质的外观与精神的内涵。只有二者相契合，物质形式才成为精神产品，否则，如果物质的外观无法承载人们赋予它的精神内涵，或者精神内涵总难以表达为一定的物质外观，那么精神产品都会失去其现实的存在。因此，精神生产也总是包含两个方面：语言在大脑内部所进行的意识活动和将精神内涵赋以一定的物质外观。因为语言就是"由于和他人交往的迫切需要才产生的"①，是人们在长期的交往实践当中形成的，它具有社会的内容，即具有可为公众共同理解的意义，并始终在一定的共同体中得到使用，所以，大脑内部进行精神生产的意识活动本身就具有公共性。而且，语言所包含的精神内涵来源于意识对社会的反映，因而精神内涵从一开始就是社会意识，即具有公共性的意识。再者，精神生产所需要的物质材料和条件也是公共的物质生产的结果，所以精神生产本身就依赖于公共的物质生产。此外，精神产品的传播也是依靠网络、通讯等社会的物质条件和社会的人际网络才得以实现的，

---

① 《马克思恩格斯选集》第1卷，人民出版社，2012年版，第161页。

而这些物质产品和人际关系都是社会性的存在，从全局来看，精神产品的传播就是精神生产的一个环节，所以，精神生产总体上是始终具有公共性的。

精神产品的价值就在于它本身所具有的公共性，其价值的高低取决于它能在多大程度上唤起人类的共同情感，带给人们普遍的知识或精神上的享受等精神利益。因此，它越是能体现人类精神的共通性，它的价值越高。精神就是人的意识的产物，而"意识一开始就是社会的产物，而且只要人们存在着，它就仍然是这种产物"①。所以精神是社会的产物。精神的共通性是人的社会意识的属性，是指人的意识的社会性、公共性，这是意识的本性。任何看似个体经验独有的情感、心理等意识活动，实际上都为某些人所共有。精神产品所能够唤起的共同情感和心理的程度越高，它的公共性就越强，也就越有价值。

最后，精神产品的享有和使用受到社会物质条件的限制，但精神产品归根结底是社会的共同财富。这就是说，任何精神生产都是受到一定的社会的物质条件限制的。起初，任何精神产品一经出现，首先只能为一定阶层、职业、地位的人所享有，享有它受到私有财产的制约。在现代社会，精神生产者为满足自己的物质生活和购买创造精神产品的材料的需要，也需要为精神产品确定一定价格，使得人们必须要通过竞争来获得这种精神产品。然而，尽管在过去的许多历史阶段，精神产品并不能始终非排他性地、均等无条件地为一切人享有，但是从历史的整个过程来看，大部分精神产品都会越来越从特殊等级和阶层延伸到全社会，最终成为人类的共同财富。这都是由于精神产品的内涵具有不可朽坏的品质，所以它能够自产

---

① 《马克思恩格斯选集》第 1 卷，人民出版社，2012 年版，第 161 页。

生起一直存在至今，而这也是它本身所具有的代际公共性。

二、人在国家中政治生活的公共性

（一）人的政治性本质

公共性反映了社会的组织化特征，即个体的人总是结成一定的共同体而存在的。现代社会最重要的共同体就是国家，在国家中人是政治性的存在。个体的人的政治性存在是公民，人的政治的公共性存在是国家。亚里士多德指出，"人类自然是趋向于城邦生活的动物（人类在本性上，也正是一个政治动物）"①。在此语境中，人是政治动物，就等于说人是城邦的公民。人的存在的这种政治本性，在现代社会依旧没有改变。

国家的特点在于它是有机的、统一的共同体，其中的公民不仅拥有个体利益，而且个体利益之间具有普遍性，从而形成所有公民的普遍利益，即共同利益。代表共同利益的意志是共同意志。但是，共同利益并不等于全体利益，共同意志也并不等于公众意志或全体意志。卢梭在《社会契约论》第二卷第三章中对"众意"与"公意"进行了区分："公意只考虑共同的利益，而众意则考虑的是个人的利益；它是个别意志的总和。"② 其中的"众意"就是指的全体意志，"公意"则是指的共同意志，也可以看作是公共意志。鲍桑葵对此进行了分析和阐释，认为前者是以将国家看作一个单纯的集合体为基础的，而后者则是将国家看作一个有机的统一体。但是，单纯集合体中通过投票所达成的一致意见的个人可能在生活或原则方面

① ［古希腊］亚里士多德：《政治学》，吴寿彭译，商务印书馆，2011 年版，第 7 页。

② ［法］卢梭：《社会契约论》，李平沤译，商务印书馆，2014 年版，第 33 页。

毫不一致，只是得到了外在于每个人的、表面的、偶然的统一利益，这并不是能够深刻反映社会普遍利益的、从每个人的利益中内在生发出的共同利益。因此，共同利益或公共利益、共同意志或公共意志的本性从不在于人数，而在于它所代表的"利益的意志或目标的性质"①。也就是说，"与表面利益相对立的真正利益，其特征必然是与个人利益的总和相对立的真正普遍利益或与全体意志相对立的公共意志所具有的特性"②。鲍桑葵认为这种区分是重要的，因为"凡是真正的利益通常都要求付出某种程度的精力或努力，也许还要付出某种程度的自我牺牲；而纯粹的私利或表面的利益，以及我们每个人日常考虑的利益，乃是许多人总要受其限定而整个社会也很可能受其支配的一种利益"③。也就是说，共同利益、共同意志具有与个人利益、个人意志在外表上相对立的特征，它们的实现往往需要个人付出精力或努力，甚至牺牲部分个人利益；反过来，如果听任个人私利以及其所形成的全体利益的要求，以私人利益为根本目的，就有可能限制社会真正共同利益的实现。

在鲍桑葵的立场当中，共同利益、共同意志包含着超越个人利益、个人意志的维度，它们之间的对立只是超越性的外部表现。也就是说，公共性是对个体性的超越，国家的政治生活则是对个体的物质生活和精神生活的超越，从而意味着，人是以组织化的形态来满足自身的物质需要和精神需要的。人的生产的公共性反映在政治领域正是人的组织性，国家是公共的物质生产和精神生产的真正处

---

① ［英］鲍桑葵：《关于国家的哲学理论》，汪淑钧译，商务印书馆，1995 年版，第 134 页。

② ［英］鲍桑葵：《关于国家的哲学理论》，汪淑钧译，商务印书馆，1995 年版，第 134 页。

③ ［英］鲍桑葵：《关于国家的哲学理论》，汪淑钧译，商务印书馆，1995 年版，第 134 页。

所。物质生产和精神生产的公共性是社会中人的存在的基本属性，意味着人作为国家中的公民的组织性、政治性也是人的基本属性。人只有成为公民，才能将自我的需要和生产活动融入公共的生产当中去，将共同利益视作自己的基本利益，认识到"自身利益必然会在某种程度上成为一种超出他自身的利益，即一种共同的利益"①，并将共同利益和私人利益的结合看作自我利益的真正实现，将成为国家中的公民作为自己必然的存在形式，从而超越动物性的存在，达到人的存在的完整形态。

共同利益必须采取一定的实现形式，这就是由国家从每个人的特殊利益中抽象出社会的普遍利益，对之予以规定，并且以国家利益的形式表达出来。如果缺少国家的规定这一环节，市场经济当中相互竞争的个人利益并不会自觉实现共同利益，反而倾向于将社会共同体撕裂为每个人的私独存在，切断个体之间的联系。这也正是恩格斯所说的，"国家是社会在一定发展阶段上的产物；国家是承认：这个社会陷入了不可解决的自我矛盾，分裂为不可调和的对立面而又无力摆脱这些对立面。而为了使这些对立面，这些经济利益互相冲突的阶级，不致在无谓的斗争中把自己和社会消灭，就需要有一种表面上凌驾于社会之上的力量，这种力量应当缓和冲突，把冲突保持在'秩序'的范围以内；这种从社会中产生但又自居于社会之上并且日益同社会相异化的力量，就是国家"②。

（二）政治的根本目的

国家是社会存在的前提，国家与社会是一体的，不存在无国家

---

① ［英］鲍桑葵：《关于国家的哲学理论》，汪淑钧译，商务印书馆，1995 年版，第 141 页。
② 《马克思恩格斯选集》第 4 卷，人民出版社，2012 年版，第 186–187 页。

的社会，国家是社会共同体的现实形态。共同利益是社会存在的前提，而没有国家，共同利益则根本不具备现实性。"所以，那个社会就是一个国家，通常被承认是一个可以合法地使用暴力的组织。""因此，国家的目的就是社会的目的和个人的目的——由意志的基本逻辑所决定的最美好的生活。"① 继而，"社会和国家的最终目的和个人的最终目的一样，是实现最美好的生活。给最美好的生活下定义不会使我们作难，因为我们始终相信作为有理性的人性的基本逻辑"。在鲍桑葵看来，最美好的生活就是实现"善"和"真理"。②亚里士多德也认为，"我们见到每一城邦（城市）各是某一种类的社会团体，一切社会团体的建立，其目的总是为了完成某些善业——所有人类的每一种作为，在他们自己看来，其本意总是在求取某一善果"。而且，"既然一切社会团体都以善业为目的，那么我们也可说社会团体中最高而包含最广的一种，它所求的善业也一定是最高而最广的：这种至高而广涵的社会团体就是所谓'城邦'，即政治社团（城市社团）"③。由于城邦是所有共同体中最崇高、最有权威、包含其他一切共同体的共同体，因而城邦所追求的一定是至善。从古至今，国家、社会、个人所追求的目标都是"至善"。

　　而且，鲍桑葵所说的"善"与"真理"是亚里士多德所说的"至善"的具体表现形式。因为，在亚里士多德的语境中，"至善"是人的存在的最完满状态，而鲍桑葵也指出，"所谓最美好的生活就

① ［英］鲍桑葵：《关于国家的哲学理论》，汪淑钧译，商务印书馆，1995 年版，第 191 页。
② ［英］鲍桑葵：《关于国家的哲学理论》，汪淑钧译，商务印书馆，1995 年版，第 188 页。
③ ［古希腊］亚里士多德：《政治学》，吴寿彭译，商务印书馆，2011 年版，第 3 页。

是使我们的存在扩展到最大限度"①，将人类的存在扩展到最大限度
就是实现人的存在的最完满状态。从人的存在可以看作分为认知和
实践两种活动来看，存在的完满状态应同时包含人的认知和实践两
方面的完善："善"是指的人们在道德实践方面的完善，而"真理"
则是人们在认知活动方面的完善，道德实践的完善和认知活动的完
善就代表着人的存在的整体完善。道德实践是改善人与人之间关系
的活动，是交往实践；而认知活动则决定了人在改造客观存在物时
成功的概率，因为认知活动无非是认知客观规律的活动，而改造客
观存在物则是利用客观规律的活动，认识客观规律的程度决定利用
客观规律的有效程度。道德的善维持人与人之间关系的和谐，意味
着社会的共同目标在多大程度上得到了实现。国家、社会、个人的
共同利益就是"善"与"真理"的结合，即人类共同目标的实现。

　　实现社会共同目标的意志、即反映共同利益的意志就是共同意
志，由于社会的共同利益就是国家利益，因而共同意志也是国家意
志。国家是运用法律和基本道德规范来维护和实现国家意志的，法
律是共同意志和国家意志的代表。"只要共同利益能够通过系统的外
部行为和习俗得以表达，国家所维护的有连贯性的秩序就是共同利
益或共同意志。"② 在这里，外部行为和习俗就表现为法律和社会的
道德规范，有连贯性的秩序就是它们得以贯彻和实行的结果。其中，
法律是最重要的规范，它以通过公共权力所赋予的暴力维护自身运
行作为特征。"国家应当使用暴力以制止妨碍最美好生活或共同利益

---

① ［英］鲍桑葵：《关于国家的哲学理论》，汪淑钧译，商务印书馆，1995 年版，
　　第 192 页。
② ［英］鲍桑葵：《关于国家的哲学理论》，汪淑钧译，商务印书馆，1995 年版，
　　第 205 页。

的行为。"① 社会生活的有连贯性的秩序无非是人们之间权利与义务的对等关系，法律通过维护权利与义务的对等来维护社会秩序。马克思指出，"法的关系正像国家的形式一样，……它们根源于物质生活关系，这种物质关系的生活的总和，黑格尔按照 18 世纪的英国人和法国人的先例，概括为'市民社会'"②。市民社会的首要因素就是"需要的体系"③。人们在追逐私人利益过程中的相互依赖的关系就是所有人的共同利益，这种共同利益、即依赖关系是每个人的私利实现的中介。从生产的公共性来看，法律就是通过维护人们在物质生产和精神生产中的相互依赖的关系来维护社会秩序。权利与义务的对等关系根源于人们在生产当中相互依赖的关系。

（三）国家的公共意志

法律所依凭的暴力总要以一定的公共权力为根据，这种公共权力也总需要一定的现实载体，而且，国家利益也需要现实的表达途径，这就是国家的政权机关。国家利益的意志表达是国家意志，而国家意志则主要是由国家的政权机关代表的。在我国的制度语境中，政府一般是指国家的行政机关，是国家政权机关的一部分，但是有时候也用来泛指国家政权机关的总和，即包括从中央到地方的立法机关、行政机关和司法机关。国家利益、国家意志与社会的共同利益、共同意志是统一的，因而政府所代表的利益和意志理应是国家和社会的共同利益、共同意志。但是，也有学者指出，"政府不是公共利益的唯一代表"，"除了政府，社会中介机构、慈善团体、宗教

---

① ［英］鲍桑葵：《关于国家的哲学理论》，汪淑钧译，商务印书馆，1995 年版，第 195 页。
② 《马克思恩格斯选集》第 2 卷，人民出版社，2012 年版，第 2 页。
③ ［德］黑格尔：《法哲学原理》，范扬、张企泰译，商务印书馆，2010 年版，第 203 页。

组织、商业组织甚至个人都有可能在特定场合担当公共利益代表的角色"①。也就是说，政府实际上也是社会当中的一个特殊利益群体，它只是在被赋予公共权力的层面上理应代表国家和社会的共同利益，但它作为社会的一个特殊的组织机构也有自身的特殊利益。任何特殊的组织机构都需要一定的经济利益、社会资源作为自身运转的成本，所以政府要求实现自身的特殊利益有其合理性。而且，尽管从理论上来看任何组织和个人都可以代表社会的共同利益和共同意志，但是，从根本上来看，并非所有组织或个人都能合法地代表共同利益和共同意志。例如，处罚犯罪分子是社会的共同意志，但是只有司法机关才拥有实现这种意志的唯一权力。

事实上，只有政府才能代表国家意志和社会的共同意志。不可否认，政府也是在社会中的特殊的组织机构，但是，它是唯一被赋予公共权力的组织机构，因而它必然要代表社会的共同利益，这一点使它与其他所有的社会组织区别开来，因为其他任何社会组织只能是社会的共同利益、国家利益的偶然代表。而且，由于社会特殊的组织和个人为维护自身的存在和发展，首要关心的是自身的利益，只是伴随维护自身利益的需要才会关心社会和国家利益，但对于政府来说，它所维护的特殊利益只能是维护自身运转和行使职权的成本，它只能是为完整地行使人民赋予的公共权力而维护自身的特殊利益。从这一点上来说，政府没有除维护国家和社会利益之外的特殊利益。

政府所握有的公共权力来源于人类共同的物质与精神生产和生活的需要，唯有依靠公共权力对制度和法律的维护，人类公共的物

---

① 胡鸿高，"论公共利益的法律界定——从要素解释的路径"，《中国法学》，2008年第4期，第60页。

质生产和精神生产才能进行下去。这种公共需要也正是国家权力的公共性的来源。维护公共权力有效性的需要是合法使用暴力的基础。除了这种需要，任何暴力都不具有合法性的基础。因此一般来说，在现代社会中除法律所许可的之外，任何暴力行为都是不允许的。人们无论是以维护私人利益为目的，还是以维护共同利益为目的，都无须、也无权诉诸暴力，只要能够遵守法律规定，也就维护了社会的共同利益。

三、社会的公共文化及其建构路径

（一）公共文化的构成要素

在现代社会，物质的和精神的共同利益就是人们在追逐个人利益时所形成的相互依赖的关系。精神生产以公共的物质生产为基础，而且精神产品本质上是社会的共同财富。人总是组成一定的国家共同体，国家的制度和法律是社会存在的基础。因此，公共的物质生产和精神生产都是在一定国家内进行的，社会的共同利益也是国家利益。共同利益是每个人都具有的普遍、必然的利益，它具有超越单纯个人私利的维度，是个人利益的基本组成部分。个人利益的另一部分则是仅属于个人的私独利益。对社会组织和团体来说也是一样。社会团体的整体利益虽然对其全体成员来说是公共利益，但它毕竟不一定是社会的共同利益。如果该团体的成员执意于维护本团体的"公共利益"，那就只是维护了团体的私独利益。

国家利益作为社会的共同利益的确定的、具体的存在，实际上是由国家政权机关规定、并运用法律所赋予的公共权力加以保护的。代表和维护共同利益、国家利益的意志就是共同意志、国家意志，代表共同意志、国家意志的是法律。法律必须凭借以公共权力为根据的暴力才具有现实性，而国家政权机关则是公共权力的唯一合法载体。国家政权机关只有被赋予公共权力，才能通过维护国家制度与法律来保障社会秩序，将个人、社会和国家之间的利益冲突限制在一定范围内，保障人与人之间互相依赖的关系的运转和发展。从而，公共的物质生产和精神生产才能持续下去。所以，法律能够运用的国家强制力是实现社会共同利益的基础，而法律效力的边界就是社会的公共利益的边界。这种公共需要是国家权力的公共性的来源，也是社会暴力的合法性基础。除却维护公共利益和公共需要，任何暴力都不具有合法性。人们只需要遵守法律，也就是维护了社会的共同利益。

文化，一般可以从狭义和广义两个层面来理解，狭义的文化就是指"观念形态的文化"①。但是，狭义的文化倾向于将文化看作与经济、政治、社会并列的一个实体性领域，没有反映出文化贯穿社会各个领域的特征，因此，人们渐渐转向从广义的层面理解文化。"广义的文化，即从哲学层面上界定的文化，是相对于自然、天然、原初的状态而言，指人类改造世界使之符合人的本性和尺度的全部方式、过程及成果的总和。"② 广义的文化侧重于文化的内在性、稳定性，强调文化既是社会一切领域的内在特质，也是整个社会生活的根本价值取向。可以说，文化是内在于人类物质生活、精神生活和政治生活的稳定特征。

市场经济当中，每个人为了生存都必须进行一定的商品生产和交换，而交换的形式要求每个生产者以生产价值的一般形式为基础，由此确立了所有生产者之间的平等关系。马克思指出，"交换价值的

---

① 郭湛，"文化：人为的程序和为人的取向"，《中国人民大学学报》，2005 年第 4 期，第 24 页。
② 李德顺，"法治文化论纲"，《中国政法大学学报》，2007 年第 1 期，第 6 页。

交换是一切平等和自由的生产的、现实的基础"①。平等是市场经济的基本原则。人们的肉体、情感和精神特征各有不同，但是每个人都平等地拥有人的基本权利，如生命保障权，人格受到尊重的权利等。虽然人们从事不同的职业，甚至属于不同的社会阶层，但是这并不代表一个人比另一个人劣等。谁都不可以凭借地位、金钱欺凌或漠视他人的人格和尊严。这是社会的普遍特征，即所有人的类特征，也是每个人的本质所在。每个人的任何其他特质都是建立在这一普遍特征基础上的，因此平等也是现代社会的文化的根本内容。

然而，社会的公共性的基本特征还并未完全成为社会的公共文化。也就是说，虽然公共性是人的存在的内在规定、基本规定，但是它还未成为人们自觉的生活方式。人们只是将公共性看作一种消极的、被动的属性，仅仅把公共利益作为满足私人利益的工具。市场经济的公共性没有必然导致公共意识和公共文化的形成，相反，人们很难在社会的共同利益的层面上来看待个人利益。人们往往局限于看到私独利益，把个人利益看作私事，并把私独利益当作根本利益。人们倾向于把社会和国家看作外在于自己、与自己相异化的共同体，把公共性看作可有可无的偶然属性，并没有意识到社会和国家就是自己本真的存在方式，从而把国家利益、社会的共同利益当作外部利益，这就导致了国家利益、共同利益与私独利益之间的矛盾。

私独利益不等同于个人利益，它只是个人利益的一个部分，而且是个人利益非本质的部分；个人利益的本质部分是共同利益。在共同利益基础之上，每个人追求实现自身的特殊需要和愿望，才是社会的价值多元化。但是价值多元化总以共同利益作为根本前提，

---

① 《马克思恩格斯全集》第30卷，人民出版社，1995年版，第199页。

否则人的欲望无限，而资源总是有限，那么，多元价值追求就会成为撕裂社会的力量。人们不仅相互依赖，而且相互制约。共同利益是不同的个人利益之间联结的纽带，实现个人利益必须要以共同利益为中介。因此，只追逐私独利益会造成社会的共同利益的受损，如果任之发展，就会撕裂社会共同体，破坏人与人之间互相依赖的关系，从而任何一个人的利益都得不到保障，阻碍个人利益的实现。因而，维护社会的共同利益就是维护个人利益。然而，个人利益不是指的某一个人的利益，而是指的每一个人的利益。因此，维护个人利益的关键在于要每一个人都意识到其他人是跟自己一样的个人，所以，维护个人利益是维护每一个人的利益。法律所保护的是每个人实现自身利益的权利，即实现个人利益的共同的、普遍的权利，而非特殊权利。

况且，市场经济并非绝对完善的经济制度，它只是适应现代社会生产力水平的经济制度，它所引起的盲目竞争容易导致生产过剩，造成社会财富的浪费，危及的是人类的共同利益。地球的资源总是有限的，市场经济主体为追逐私利，不顾公共利益，所进行的盲目开发更是容易造成人类共有环境的破坏。在市场竞争的背景下，这既带来资源的优势聚合、资本增值等优点，但也带来分配结构失衡、社会不平等和贫富差距拉大等缺陷。我国长久以来的经济发展并没有直接实现公共生活的建立，归根究底，是没有建成公共文化。"仓廪实"但并未"知礼节"，"衣食足"却并未"知荣辱"，是当代社会面临的重要问题。市场经济体系愈益成熟，但人的公共意识却并未完全跟上。认识是实践的一个环节，普遍的意识水平决定了人们共同实践的结果，公共意识的低下或缺位会直接导致人们难以在实践中自觉维护公共利益，造成公共文化难以建立。

公共文化意味着每个人将国家利益、社会的共同利益看作个人利益的必然组成部分，从而将国家和社会利益由被动的、消极的利益转为主动地、积极地实现的利益。为解决当下个人、社会、国家之间的矛盾，必须超越原有的两条路径，即偏重强调经济建设的路径和过于倚重行政干预的路径，转而强调公共文化建构的路径。这也是一种整体视阈下的路径选择。该路径认为，单纯经济建设和行政干预，或者只重视物质生产和政治生活，都不能使人们自觉认识到自身的公共性存在并努力实现之，建立符合公共性存在的全部生活方式。公共的生活方式，就是所有社会组织和个人将社会的共同利益看作自身的首要利益，从而始终维护社会的普遍共有的利益，而不是忽视它、侵害它。由于法律是共同意志和共同利益的代表，所以首要的就是要遵守法律的规定。具体来说，就是包括国家政权机关在内的所有社会组织和个人都必须严守法律，不能违背法律而行事。保护每个社会主体的合法权利就是法律所要保护的共同利益，所以遵守法律可以保证最大限度地实现社会的共同利益，从而最大可能地实现每个社会主体的利益。更重要的是，法律规定了国家政权机关的职责和权力范围，从而最大限度地促使国家政权机关代表社会的共同利益，保障每个公民的权利。再者，公共性意味着人与人之间的普遍依赖，公共文化也使得每个人在享有权利的同时，自觉履行相应的义务。事实上，自己履行义务而帮助他人实现权利，从而使得他人有履行义务的能力，才能保证自己权利的实现。

（二）公共文化的道德价值

公共道德是公共文化的必要组成部分。中国传统的社会结构是"个人——家庭——国家"，私人领域就是指个人、家庭，而公共领域则是指国家。私人领域的结构是以自我为中心向周围他人推及的、亲疏有别的差序格局，调整这一关系结构的规范是私德。私德强调以家庭义务为核心、私人之间所负有的责任，在"家国同构"的机制下，又将这种责任扩展为个人对国家的责任。传统社会的另一规范就是国法，其特征是以国家强制力为保证，并不涉及私人之间的亲疏关系。然而，在法律与私德之间，唯独缺少社会的公共道德、即公德，用以维护超越于私人利益、然而对私人利益和国家利益来说都至关重要的、但又不能诉诸国家强制力的公众的、社会的利益。法律所具有的国家强制力只能保障最基本和最重要的公众利益，而对于影响范围有限、并非涉及公众重大利益的利益就不能予以干涉。在中国传统社会，人们往往注重私德和法律，但是对于虽不够重大、但与公众息息相关的公共利益却并不重视，反而常常将这部分利益视作可有可无的、私人利益的附属品，甚至有可能侵占这部分利益以满足私人利益，或者将之当作转嫁私人危机的处所。这部分公众利益虽不关系居民重大生命和财产安全，但依旧关系到每个人日常生活的正常进行，所以破坏这部分公众利益，就破坏了公民之间和谐共生的关系，从而影响到了包括自己在内的每一个人的利益。这就需要构建公共道德，使维护周围公众利益、保护和谐共生的道德意识成为每个人的自觉选择，以弥合中国传统社会结构当中私德与法律之间的空隙。

构建公共文化还需要合理对待个人与国家之间的关系。在中国传统的社会构架中，国家相对于个人一直处于至高无上的地位，甚至可以要求个人为之牺牲一切乃至生命。当然，国家利益、社会的共同利益是个人利益的基本组成部分，但是，首先这种共同利益必定是内在于个人利益的，只有在个人利益中它才具有现实性；其次，国家和社会的共同利益只是基本利益，而不是唯一利益。现代市场经济要求每个人追逐特殊利益，这也是社会发展的根本需要，因而也是共同利益，而如果将国家利益作为个人利益的唯一内容，就会导致个人的特殊利益受到压抑，从而破坏了整个市场经济的基础。

离开实现个人的特殊利益，一切国家和社会的利益就失去了现实的基础。国家和社会利益为每个人的特殊利益提供了强有力的保障和物质前提，但并不能代替个人的特殊利益。如果要求每个人都以实现国家和社会的利益为根本目标，就有可能出现国家和社会利益挤压、阻碍个人利益实现的情况，这就有违市场经济的原则。

面对中国社会的境况，还必须要构建国家利益进入个人利益的实际机制。国家利益的现实内容一般是由国家政权机关规定的，然而由于国家政权机关实际上也是一个特殊的组织机构，所以由它所确立的国家利益往往直接呈现为它本身的特殊利益，如此一来，本身内在于个人利益中的国家利益在现实中就以外在的方式强加在所有个人之上。这往往会造成国家政权机关和公民个人之间的紧张关系，国家利益与个人利益也被看作彼此的对立面。所以，如何使国家政权机关制定的政策成为国家利益的真正表达，也就是使得国家政权机关规定的利益成为个人利益的内在组成部分，就成为解决这一问题的关键。这就需要国家利益必须成为公民个人的必然要求，也就是说，现实的国家利益必须从公民的个人需求当中产生。这就需要一种机制将社会的共同利益最真切地表达出来。

（三）公共文化的实践导向

公共对话的机制正是这样一种机制。公共对话的机制是由国家搭建、并由法律加以保障的公共对话平台，使每个人能够在交往实践的过程中，以实际交流的方式达成关于共同利益、国家利益的共识。在哈贝马斯那里，这就是居于公共权力领域与私人领域之间的话语公共领域。这一话语公共领域担负着公民之间形成共识，从而发挥社会整合和政治批判作用的功能，是维持国家政权机关始终按照社会的共同利益制定政策和行使职权的机制。对当代中国来说，这一公共对话平台能保证国家政权机关的政策是诞生自公民个人的选择，这种由对话到达成共识的交往实践过程使得共同利益从其真实的根基处、即每一个人的利益中产生，这就保证国家政权机关规定的国家利益是社会的共同利益的真实表达。虽然这种达成共识的机制并不绝对完美，但是已经足够最大限度地表达真正的国家利益，因而是现代社会条件下解决国家政权机关与公民个人之间矛盾的最佳途径。

结语

公共性是人的社会存在的客观属性，体现在个人的存在以及个人所组成的共同体的存在当中。就个人存在来说，每个人都有物质需要和精神需要，因此必须进行物质生产和精神生产，但无论是物质生产还是精神生产，都是一种公共的生产。人们以公共的物质产品为中介获得个人的物质消费品，而精神产品归根结底是社会的共同财富。就个人所组成的共同体来说，国家才是人最本真的存在形式。国家利益和社会的共同利益是一致的，是个人利益的基本的、本质的部分。代表国家利益、共同利益的意志是国家意志、共同意志，代表国家意志、共同意志的是法律。只有遵守法律，才能保证国家政权机关制定政策和行使职权能够最真切地反映国家利益和社会的共同利益，才能保证每个人都将维护国家利益和社会的共同利益当作实现个人利益的前提。因此，从根本上来说，现代社会需要构建公共文化，使每个人把国家利益、社会的共同利益看作个人利益的必然组成部分，从而自觉维护国家和社会的利益。公共文化促使人们自觉全面地实现人的存在的公共性，使每个人成为完整的、真正的人。

第六章

论中国马克思主义公共哲学

马克思主义公共哲学是马克思主义哲学中国化的重要形态，它不仅为中国社会提供了重要的思维方式和实践原则，而且为未来人类的发展提供了可资借鉴的思想资源。如何处理人与人、群体与群体之间的具体利益不同、但又根本一致的关系是值得全社会、全人类关切的重要问题，必须对此从哲学上进行根本性的思考和研究。中国马克思主义公共哲学正是在这种背景下应运而生，把促进人类的共处与和谐发展作为自己的历史使命。

一、中国马克思主义公共哲学的现实境遇

（一）社会主义市场经济的利益多元化

当代中国面临的主要任务是发展社会主义市场经济，并继而建立与之相适应的政治、文化的生活方式。从根本上来说，市场经济是因"私"而起的，个人追逐私利、构建私人生活的需求是市场经济存在的基础。否则，如果失去个体追逐私利的行为作为内在驱动，在不同市场主体之间缺乏竞争，社会的科技进步和效率提升就会放缓，市场经济也就丧失了根本动力。所以，市场经济的发展必然要求每个市场主体都能自由充分地发挥自身能力，追求私人利益。现代社会中，个体价值得到了前所未有的重视，自我实现甚至成为每

一个人追求的根本目的，从而，不同个体的自我价值实现的追求也就形成了当代社会中多元主体并存的状况。

市场经济社会中多元利益主体并存的状况，使得全社会形成一元化价值体系不再可能。宏大叙事式话语中存在的伟大事业不再"真的关系到生活目标。生活目标由每个人自己决定"①。人们愈加重视个人体验，这突出表现为人们对家庭生活和个人隐私的重视。人们将幸福定义为个人价值的实现以及世俗家庭生活的充裕和满足。当然，这在某种程度上都有利于市场经济本身的发展。正是由于市场经济以竞争为基本特征，所以，只有每一个市场主体将个人利益视为主要目标，才会在竞争中全力以赴地试图击败对手，进而才能保持市场活力的涌动不竭。但是，市场竞争在推动社会进步的同时，也引致了多元主体之间的对立与分离趋向。每个个体要么把彼此当作实现个人私利的工具，要么将彼此看作实现自私利益的敌人，这也就是人与人之间的异化现象。

那么，多元利益主体之间到底关系如何？如果参照以赛亚·柏林的价值多元主义，多元主体之间的利益分化不仅是客观状况，而且其多元化的利益诉求之间根本对立。② 那么，能否将多元化的利益诉求排列成一定的价值序列，确定不同价值和利益诉求的优先级，在人们的实践当中形成有序选择呢？按照约翰·格雷的观点，这就是不可能的。因为不同的价值之间不仅无法通约，而且不具可比性，甚至就是彼此冲突、不相容的关系。③ 但以此理解，现代社会就必

---

① ［法］让－弗朗索瓦·利奥塔尔：《后现代状态》，车槿山译，南京大学出版社2011年版，第60页。

② ［英］以赛亚·柏林：《扭曲的人性之材》，岳秀坤译，译林出版社，2009年版，第81页。

③ ［英］约翰·格雷：《自由主义的两张面孔》，顾爱彬等译，江苏人民出版社，2002年版，第6页。

然是"一切人针对一切人的战争"的社会。这一观点的合理性在于，它揭示出，如果放任多元化市场主体之间的自由而无休止的竞争，就会使竞争演化为争斗，从而引发马太效应，导致自然和社会的资源越来越向优势资本集中，继而使得贫者愈贫，富者愈富，贫富之间的差距进一步拉大，社会阶层的区隔与固化也日益严重。尤其在资本主义市场经济中，扩张私人占有是资产者活动的主要动力，社会财富也就愈益流入个人和团体的私独占有。甚至，人们会为实现私人利益而破坏他人利益，造成价值实现的压迫性，即优势群体的价值实现建立在弱势群体的价值丧失的基础上，这显然不符合人类的共同利益，是人同自己类本质之间的异化。

在现代社会，这也是资本主义发展所极力避免或改变的状况。事实上，无论市场经济的多元主体之间的利益诉求有多大差别，总有最低限度的共同利益，例如对生存利益和安全保障的诉求。而且，市场经济的顺利运行不仅需要每个主体自由独立地发挥创造能力和积极主动地实现个人利益，也需要一定的公共设施等外部条件，以保障社会最基本的医疗、交通运输等需求。而更何况，我国要建设社会主义市场经济，必然与资本主义市场经济有着根本不同。当然，现代资本主义市场经济也注重实现社会公平，但由于它以资本主义私有制为基础并致力于维护资本主义私有制，以实现私有资本的增殖为根本目标，所以，它的立足点在于实现物的价值，而非人的价值。资本主义市场经济的主要规律是资本逻辑，通过弱肉强食来实现物的利益的最大化，而并不以人类的普遍幸福为根本计。与之截然不同的是，社会主义市场经济必须符合社会主义的本质的要求，以实现社会的共同富裕为根本目标，这就是要在当代社会中建立合理的资源分配和市场竞争制度，促使全体人民共享改革红利，平等拥有政治、经济、文化等方面的权利。

发展社会主义市场经济，就意味着必须要解决如何处理多元利益主体之间的关系以及个人利益与公共利益之间关系的问题。另一个关键性的客观状况是，市场经济的发展在我国也引起了社会的新的重要变化，这就是整个社会逐渐明确地被划分为公共领域和私人领域。

（二）公共领域与私人领域的划分

公共领域与私人领域划分根源于发达的商品经济条件下人与人之间的普遍交往的形成。在前现代社会的自然经济条件下，尽管社会仍然具有基本的经济分工，如农业和手工业的分工，但是，由于人口基本上被绑缚在土地上，主要通过自给自足的生产来满足自身需要，所以，商品交换在农产品略有结余或偶尔购买必需的手工业品时才会发生，这种商品交换是偶然性、暂时性的，商品经济十分不发达。这造就了相对封闭的人际圈和文化氛围，既无公共领域产生的基础，也无公共生活发生的必要。只有在商品经济发达的现代社会中，商品生产和交换作为主要的经济形式成为普遍而经常的活动，商业交往日益频繁，人们才产生与外界和其他人建立联系的必然需要。由此，人们打破原有的封闭生活圈，进入到公共空间中，展示自己的存在，也遭遇他人的存在。如果说在前现代社会的家庭生活中人们习惯于宗族等级秩序，那么，在公共空间中则必须学会平等地看待他人。这时，私人生活彻底退入个人经验，公共生活则在与他人共存的基础上展现。在公共领域中，每个人都必须克制自我本能，积极实现自身的社会化，并形成与在私人领域中和过去的私人生活中完全不同的行事准则。

正是由于在公共领域中处理公共事务的需要，才产生了公共权力及其载体——政府。处理公共事务的权力只能是公共权力，其他任何个体都不具有此权力。这就必须在所有个人和社会团体之上建立独立的组织机构，即政府，由政府来行使公共权力。所以，从起源上来看，公共权力产生于处理公共领域中的公共事务的需要，其唯一载体只能是政府。而又因为公共事务只存在于公共领域里，故而公共权力只能在公共领域中得到使用。就此可以说，公共权力既不允许私人利益跨界"搭便车"，也不能跨入私人领域干涉私人事务。而且，尽管政府也是市场经济的主体，但它却不是一般的市场主体。一般的市场主体主要是指各类社会团体、组织和个人，包括企业、农民、工人、个体经营者等，但他们都是以实现私利为首要任务，而政府却不能将实现自身的组织利益作为第一要务。

政府是人民公意的代表，这可以通由卢梭的政府理论得到说明。卢梭针对18世纪法国人民打破等级限制、获得平等权利的要求，指出人民既是立法者，也是主权者。人民是公共权力的拥有者，但是，"公共的力量就需要有一个适当的代理其行动的人，在公意的指导下发挥作用"①。换句话说，政府就是根据公意，代理行使公共权力的主体。所以，只有在全体人民的共同意志的前提下，对于公共事务，政府才能使用公共权力。因而，政府作为公权力的代表，不能为包括自身在内的一切特殊组织或个人的利益服务，在市场经济条件下，它只能保护所有的多元化主体的利益。

与公共权力的滥用和个人利益的不当追逐相关，当代社会中破坏公私领域边界的现象时有发生，妨碍社会公平。政府有时与民争利，过分干预居民实现利益的合法活动，或者，部分民众缺乏公共精神，损害公权力权威；更有甚者，部分公务人员以权谋私、因私废公，这都是公私领域的互相侵蚀。尽管中国传统文化不乏对公共性的重视，但仍缺乏现代意义上的公共意识，人们并没有形成明确

---

① ［法］卢梭：《社会契约论》，李平沤译，商务印书馆，2014年版，第64页。

的公私有别的自觉意识。如何厘定公私领域的清晰分界，确立公共领域与私人领域中的语言与行为准则，制定保护公私领域分界的机制，就成为发展市场经济必须解决的问题。

为建设中国特色社会主义的市场经济，马克思主义哲学的中国化也必须对这一问题做出回应。事实上，这些问题也正是马克思主义哲学所关注的问题。在现代市场经济中，实现个人价值的行动导致了人的异化，即人的价值的丧失，追逐人的利益的活动导致了人与人之间的敌视和对立，即造成了压迫。马克思主义哲学就是要探讨，通由何种途径的实践，才能推动社会财富的共同占有与分享，保障公众普遍的民主权利，从而扩大公共服务，发扬公共理性，构建公共精神。这就是中国马克思主义公共哲学所面临的现实境遇。

现有的马克思主义公共哲学研究一般认为，公共性追求是马克思主义哲学的本有之义，公共哲学是马克思主义哲学的当代范式转换的重要形态，一般表现为两条进路：主体哲学的进路与文化哲学的进路。在主体哲学的视野中，马克思主义公共哲学以主体间性为基础，强调共同体的"共同主体性"，主张由"个体性"到"互动性"再向"公共性"的演变。① 它注重实现社会的和谐、公平、正义等公共价值②，提出了"公共主义的核心价值观念"③。与之相较，文化哲学的角度侧重于指出，人的文化本质就是公共性，公共世界是人类恒常所属的真实世界。④ 在它看来，当前社会正处于多元化的异质性主体的共在与交往的时代，人们应当超越私我，以在多元

---

① 郭湛："从主体性到公共性——当代中国马克思主义哲学的走向"，中国社会科学，2008 年第 4 期。
② 郭湛，王维国："公共性的样态与内涵"，哲学研究 2009 年第 8 期。
③ 郭湛："公共主义的核心价值观念"，中国特色社会主义研究 2011 年第 12 期。
④ 袁祖社："公共性真实：当代马克思主义哲学范式转换的基点"，河北学刊，2008 年第 4 期。

主体之间构建"共生"与"和合"的关系。① 人们还需要养成"公共性价值自觉",从而构建优良的心性秩序,以克服对狭隘私利的追求。②

　　这两条进路在某种程度上都对解决多元利益主体之间的矛盾、个体利益与公共利益之间的矛盾具有推动作用,但仍有缺憾。它们并没有在现代社会划分为公共领域与私人领域的客观现实基础之上,正确地反映多元利益主体之间以及个体利益与公共利益之间的关系。首先,公共性与个体性之间不具有历史演进性关联,它们是作为社会性的两个方面同时产生和并在的。如果单单强调公共性作为历史的目的,就容易造成在实现公共价值的同时,忽视和湮没个体价值,造成共同主体对个体主体的压迫。个体的合理诉求得不到实现,这显然违背了个体价值愈加受重视的历史趋势,也没有解决个体利益与公共利益之间的矛盾。其次,将实现公共利益建立在超越私人利益的基础上,认为公共利益与私人利益之间互不相容、不能并存,这就违背了市场经济的本性。市场经济的发展既需要多元主体对私利的追求以及彼此的竞争,也需要完备的公共设施作为外部条件以及公共精神作为内在条件。消灭了多元社会主体对多元化利益的追求,也就消灭了社会分工,最终,也就消灭了任何合作的可能和必要。

　　总而言之,本文所致力于解决的问题是,在实现共同富裕为目标的根本前提下,如何既使每个主体有充分实现个人利益的自由,

----

① 袁祖社:"多元主体的异质共在与类群生活正当性的公共哲学辨识——'新全球化时代'的人类文化与公共生活真实",西北大学学报(哲学社会科学版),2010年第4期。

② 袁祖社,董辉:"'文化公共性'的实践与现代个体优良心灵秩序的养成",西安交通大学学报(社会科学版),2014年第4期。

又兼顾社会的公共利益；以及如何处理多元主体之间的关系，是放任其冲突与对立，还是使其价值追求实现同质化，抑或是，超越多元对立与一元独立，构建多元利益主体间新的关系原则。

（三）社会主义市场经济条件下的主体间性

马克思主义公共哲学是马克思主义主体哲学发展的内在要求。马克思主义主体哲学强调，主体是共同实践的人们所结成的人类全体，而这种共同的实践则是主客体关系产生的基础。实践是最根本的对象性活动。人通过实践将在意识中创造的未来图景变成现实，逐渐摆脱受自然规律奴役的地位，转而运用和驾驭自然规律改变自然的本有状态。因此，人类不再单纯地受到动物本能的役使，从而成为一种文化的存在。有学者指出，"文化是人类生活的深层的、内在的程序和取向，它是内在于人的活动之中并历史地凝结成的生存和发展方式。文化在本质上是相对稳定的人为的程序和为人的取向的统一"①。其中，"人类生活的深层的、内在的程序和取向"是在主体与客体的互动中，在实践的目标和意愿与结果的对比、矫正中，结合客观规律而形成的实践程序和价值取向。所以，文化本质上是人类有目的、有计划并按照一定秩序进行的主客体活动，文化也是主体与客体的综合。

尽管如此，文化所体现的重点依旧是人的主体性。文化表现出人类将主观意志化为客观现实的能力，它反映了人摆脱受到本能和自然规律驱动与奴役的受动性，通过实践体现了人的主动性、创造性。物质的生活内容虽然在形式上标识出人与其他动物的巨大外在差别，但唯有精神及其能动性才是人真正区别于动物的关键。精神

---

① 郭湛："文化：人为的程序和为人的取向"，《中国人民大学学报》，2005 年第 4 期，第 26 页。

通过其能动性,利用身体与外在条件,最终现实化的转变过程就是文化的所在。文化作为主体与客体的综合,是客体不断趋向于主体的过程。在这一过程中,人作为主体,体现出主动性、能动性、创造性与自为性。

人面对无所谓目的、也无所谓动机的自在的自然界,为之赋予了作为人类的对象的地位。人类打破自然界运动的必然链条,在自然界的机械作用中增添了精神的能动机制,把必然世界变为可能世界。开启了可能世界,就赋予了人类更多的选择自由。人类也由此创造出单纯靠自然界的演化无法产生的事物,为自然界赋予了意义。文化就是创造意义世界的活动。因为文化,人同时又成为一种自为的存在物,他以自身为目的。康德认为,"在全部造物中,人们所想要的和能够支配的一切也都只能作为手段来运用;只有人及连同人在内的所有的有理性的造物才是自在的目的本身"①。这就意味着,人在任何情况下都必须是最终目的。

当然,人作为自然界的一部分,其身体必然受到自然规律的制约,即是说,"人作为自然的、肉体的、感性的、对象性的存在物,同动植物一样,是受动的、受制约的和受限制的存在物"②。人是通过组织起来,彼此依赖、相互联系才逐步克服这种受动性的。在现实的经验中,诚如马克思所说:"每个人为另一个人服务,目的是为自己服务;每一个人都把另一个人当作自己的手段互相利用。"③ 在这种情况下,每个人可能又会成为另一个人达成目的的手段,而且,也只有因为如此,才能达成自己的目的。但是,由于人在任何情况

---

① [德] 康德:《实践理性批判》,邓晓芒译,杨祖陶校,人民出版社,2003 年版,第 119 页。

② 《马克思恩格斯全集》第 3 卷,人民出版社 2002 年版,第 324 页。

③ 《马克思恩格斯全集》第 30 卷,人民出版社 1995 年版,第 198 页。

下都是根本目的，所以，每个人作为目的先于作为手段。每个人只有同时是目的，才能成为另一个人的手段。

现代社会更加体现出人与人之间相互依赖的特点。在市场经济条件下，"一个人的需要可以用另一个人的产品来满足，反过来也一样；一个人能生产出另一个人所需要的对象，每一个人在另一个人面前作为这另一个人所需要的客体的所有者而出现，他们是作为人彼此发生关系的"①。人与人之间的相互依赖，就表现为商品与劳动之间不断进行交换的必要性和作为全面中介的交换价值。② 每个人都必须以将生产的产品投入到社会的商品流动过程中为前提，才能从社会的商品流动过程中取得个人消费品。"每个个人的生产，依赖于其他一切人的生产；同样，他的产品转化为他本人的生活资料，也要依赖于其他一切人的消费。"③ 尽管人与人之间的相互依赖是具有必然性的事实，但是进行交换的每一方并不以生产对方所需要的产品作为根本目的，每个人在交换中只关心自己的利益。只不过，在更高的层面上，每个人都只关心自己的利益恰恰是所有人共同的、普遍的利益所在。所以，可以说，"共同利益恰恰只存在于双方、多方以及各方的独立之中，共同利益就是自私利益的交换"④。市场经济中的共同利益、一般利益，是所有自私利益的一般性。

在人与人之间的相互依赖中，每个人言行、生活都具有一定的公共性，会对周围其他人的生活造成影响。人类实践是在人与人之间相互依赖的基础上的共同实践。如果没有结成一定的社群，孤立的个人根本无法抵御自然的挑战。在共同劳动、互帮互助、共同积

---

① 《马克思恩格斯全集》第30卷，人民出版社1995年版，第197页。
② 《马克思恩格斯全集》第30卷，人民出版社1995年版，第106页。
③ 《马克思恩格斯全集》第30卷，人民出版社1995年版，第105页。
④ 《马克思恩格斯全集》第30卷，人民出版社1995年版，第198－199页。

累经验、相互学习的过程中，人逐渐成为比其他动物更为高级的存在物。实践一开始就是以社群为单位发生的。只有以社群为单位，人才是主体。"人是主体"是对所有个体而言的共同的、普遍的、一般的规定。共同的实践展现出人类全面的能力，其中的每个个体只是展现了人类某一方面的能力。每个个体都是人类主体的不完全的表现形式，主体是所有人的共同本质。

在存在的意义层面上，人与人彼此之间是"共在"的关系，每一个具有主体性、以自身为目的的人共同存在。在这种前提下，社会是所有人的公共空间，自然界为所有人提供资源。由于生产关系和具体的社会关系不同，不同时期、不同地区的人与人共同存在的具体形式会有差别，社会空间与自然界资源也不能够得到平均分配，但是，社会空间与自然资源的公共性没有根本的改变。"共在"的具体内涵是人与人之间相互需要，并在此基础上形成社会交往。人们在社会交往中形成的联系就是社会联系。马克思指出："因为人的本质是人的真正的社会联系，所以人在积极实现自己本质的过程中创造、生产人的社会联系、社会本质，而社会本质不是一种同单个人相对立的抽象的一般的力量，而是每一个单个人的本质，是他自己的活动，他自己的生活，他自己的享受，他自己的财富。"① 所以，"共在"是人的本质性存在方式，它是人类一切存在样式的基础。海德格尔说："独在是共在的一种残缺的样式，独在的可能性就是共在的证明。"② 人之所以能独立存在，正是在更为一般的意义上来说，这个世界也是人类社会与自然界共同存在的世界。

世界中的每一存在物都追求自身的完全实现，动植物只需要适

---

① 《马克思恩格斯全集》第 42 卷，人民出版社 1982 年版，第 24－25 页。
② ［德］马丁·海德格尔：《存在与时间》，陈嘉映、王庆节合译，熊伟校，生活·读书·新知三联书店，2012 年版，第 140 页。

应完全实现本能的环境和条件，而人类需要在实现本能的基础上，推动客观世界符合于主观意愿。由于自然界和社会的资源是有限的，人类的欲望是无限的，所以人的要求往往超过现有的自然界和社会所能承受的范围，因此，现实的条件往往与人的目标相矛盾，而且，由于人与人之间不能完全了解彼此的主观意愿，也难以自觉地相互协调追逐不同利益的行动，所以，个人与个人、群体与群体之间也常常发生矛盾。首先，片面强调自然环境的重要性而压制人类社会的发展，并不符合人类的根本利益。然而，破坏与牺牲自然环境，其恶果最终也会返回到人类自身。因此，必须探索人类社会与自然界的共同生存的途径，促进人类社会与自然界之间实现和谐共处。其次，面对有限的自然界与社会资源，人与人之间的矛盾促发竞争，发展到极端就会出现人与人之间的相互压迫。一部分人强占自然界与社会资源，剥夺了其他人的满足需要和发展的条件，阻碍了其他人的主体性的实现，事实上不利于人类全面发挥主体性能力。所以，也必须探讨不同的具有主体性的个人之间共存、共生的途径。

为解决这些问题，必须要确立公共性原则，其根本目标在于实现人类社会与自然界的共生、共存，促进自然界与社会资源在人与人之间公平分配，所有人共享之。只有以此为前提，才能最大限度地发挥每一个人以及全人类的主体性能力，并满足其需要。如此，每个人的主体性才能得到公平地实现。马克思指出："个体是社会存在物。"① 每个人的主体性的实现必须依靠人与人之间相互依赖的关系。公共性原则正是通过协调、平衡等手段维持人类社会与自然界、人与人之间的相互依赖的关系。处理社会内部的群体与群体之间的关系也需要依靠公共性原则。对一个群体内部来说，群体的公共利

---

① 《马克思恩格斯全集》第 3 卷，人民出版社 2002 年版，第 302 页。

益是所有成员的共同利益。但是，由于一个群体所拥有的资源和空间是有限的，群体成员之间依旧存在各种矛盾。所以，在不同的群体之间以及群体内部的不同成员之间，仍然需要依靠公共性原则，才能维护每一个群体、群体当中的每一个成员的平等生存与发展的权利。个人与个人之间、群体与群体之间的知识、艺术等文化的交流对人类文明的进步有着至关重要的作用。多元的个人与群体所具有的不同的特殊能力从各个方面促进人类全面的发展。正是由于不同国家和民族之间的文化的相互补足、相互借鉴，人类的物质文明与精神文明才能为所有人共享。

简单来说，公共性原则可以概括为"公共主义"。公共主义，也即共产主义。从概念的词汇来看，"共产主义"即是指的 Communism。列宁在《青年团的任务》中指出："什么是共产主义者呢？共产主义者是个拉丁词，communis 一词是'公共'的意思。共产主义社会就意味着土地、工厂都是公共的，实行共同劳动——这就是共产主义。"① Communism 的词根是 common，意指"共同的""共有的""公共的""公众的"，它起源于古希腊词汇"Koinon"，意为人与人之间共有的事物。也就是说，从词源上来看，Communism 可以被译为"公共主义"。从概念词汇的考据来看，"共产主义"最早就被译为"公共主义"，"共产党"则被译为"公共党"。"公共党"的目标"不是只追求实现生产资料公有制，而是要管好公共资产，增加公共产品，发展公共事业，扩大公共服务，完善公共选举，厉行公共决策，加强公共管理，严密公共监督，提高公共理性，弘扬公共精神，等等，一言以蔽之，就是造福公共大众"。"共产"仅指生产资料的共有或公有，但"公共党"的目标显然超出了"共产"的

---

① 《列宁选集》第4卷，人民出版社2012年版，第293页。

含义，所以，将 communism 译为"公共主义"，更鲜明地揭示了该概念词汇的原始内涵，即建立一个人人共有、共同负责的世界。①

总而言之，人是一种主体性存在，更是一种公共性存在。马克思指出，人的本质"是一切社会关系的总和"，而且，"全部社会生活在本质上是实践的"②。人的主体性根源于共同实践，以人与人之间的相互依赖为基础。公共性也是人的社会性的本质所在。现代哲学所面临的挑战是如何建立更加符合人类这种本性的生活方式。针对这一问题，马克思主义公共哲学认为，必须要在肯定人类共同实践的基础之上，研究主体的、实践的、具体的个人之间的关系的性质，确立处理这种关系的原则、路径、方法和价值导向。

二、问题与探源：公共哲学的思想史资源

（一）西方政治哲学对社会公共性的研究

在西方思想史上，对于"公共"的研究可以溯源甚早，其相关著述也颇丰。总起来说，当代西方关于社会的公共性的研究是由两条支脉汇聚而成的。第一条支脉是传统的西方政治哲学研究。传统的政治哲学对"公共"的研究肇始于对古希腊城邦社会的研究，在城邦中，公共性原则直接地是社会活动和民众生活的根本原则。阿伦特认为，"公共的"就是指"政治的"，它与"私人的""家庭的"截然对立。公共领域所标示出的是与家庭生活的私人活动领域所不同的政治活动领域。家庭生活是单纯满足自然的生存和情感需求的活动，而政治生活，即公共的生活，才是更高贵、更能反映人的本

---

① 郭湛："公共主义的核心价值观念"，《中国特色社会主义研究》，2011 年第 12 期，第 26 页。

② 《马克思恩格斯选集》第 1 卷，人民出版社 2012 年版，第 135 页。

质的生活。与之相比，私人生活及其财产只是人们参与政治生活的物质基础。政治生活是"生活在城邦中，意即任何事情都要取决于话语和说服"，"暴力和压迫"则是前政治的生活方式。① 每个人既是家庭成员，也是公民，当且仅当作为公民的时候，他的活动方式是言说与交谈，这是理性的活动。因此，公共生活超越了仅关乎生存的"优良生活"，成为人的存在的内在目的。② 公共生活抵御了个人生活的空虚，也满足了人对不朽的追求。③ 古希腊城邦社会的公共性原则及其思想构成了后世政治哲学的基础，它的理性原则和话语与交谈原则也是哈贝马斯的公共领域理论的基础。

　　阿伦特对古希腊城邦的公共精神做了进一步的阐发。在她看来，"公共"包含两层含义："首先，它意味着，任何在公共场合出现的东西能被所有人看到和听到，有最大程度的公开性。"④ 公开就意味着显现，显现则构成实在。如果不能公开地被看到或听到，人也就失去了实在性。公共领域的生活虽然对个体的边缘体验（即感性体验）、某些私人事务（如爱情、友谊）造成一定遮蔽，但是这些私人事务也是以公共领域的存在为基础的。"其次，'公共'一词表示世界本身，就世界对我们所有人来说是共同的，并且不同于我们在它里面拥有的一个私人处所而言。"⑤ 这是说，公共领域使得人们既

---

① ［美］汉娜·阿伦特：《人的境况》，王寅丽译，上海人民出版社，2009 年版，第 17 页。
② ［美］汉娜·阿伦特：《人的境况》，王寅丽译，上海人民出版社，2009 年版，第 23 页。
③ ［美］汉娜·阿伦特：《人的境况》，王寅丽译，上海人民出版社，2009 年版，第 37 页。
④ ［美］汉娜·阿伦特：《人的境况》，王寅丽译，上海人民出版社，2009 年版，第 32 页。
⑤ ［美］汉娜·阿伦特：《人的境况》，王寅丽译，上海人民出版社，2009 年版，第 34 页。

相互联系又彼此分开，防止彼此的挤压与倾轧。同时，公共领域不仅是为同时代的人而且也是为所有世代的人所造就的公共空间。公共生活，即政治生活，使得人们获得了一个生时进入、死时退出的持续存在的空间，在一定程度上克服了人的存在的相对性。阿伦特用政治生活来实现人类对不朽的古典式追求。阿伦特也指出了人的存在的交互性意涵。共同世界的实在性并不由所有人的"共同本性"这一抽象本质来决定，而是来源于世界面向持不同立场和不同视角的人公开，世界是在这种公开性、即人与人的互构中获得实在性的。如果世界只能从一个立场和角度上来看待，那么共同世界，即公共生活，也就荡然无存了。①

人的存在的交互性在哈贝马斯的公共领域理论和交往行动理论中获得了它的现代景象。哈贝马斯所说的"公共领域"主要是指"资产阶级公共领域"，它是建立在国家与社会相分离的基础上的。在资产阶级公共领域产生之前，传统的公共领域是公共权力领域，即国家；而社会则是由"经济市民"构成的领域，即私人领域。由于这二者的分离造成了国家和社会之间的矛盾，所以资产阶级公共领域应运而生。"资产阶级公共领域是在国家和社会间的张力场中发展起来的，但它本身一直是私人领域的一部分"②。也就是说，"资产阶级公共领域"不是公共权力领域，而是"由私人集合而成的公众的领域；但私人随即就要求这一受上层控制的公共领域反对公共权力自身，以便就基本上属于私人，但仍然具有公共性质的商品交

---

① ［美］汉娜·阿伦特：《人的境况》，王寅丽译，上海人民出版社，2009 年版，第 38 - 39 页。

② ［德］哈贝马斯：《公共领域的结构转型》，曹卫东等译，学林出版社，1999 年版，第 170 页。

换和社会劳动领域中的一般交换规则等问题同公共权力机关展开讨论"①。这意味着，"公共领域将经济市民变为国家公民"，使得市民社会具有了规范与调节公共权力机构的功能。②

在此间的探讨中，哈贝马斯显示出对话语的关注。资产阶级公共领域继承了文学公共领域的批判性话语的特征。资产阶级公共领域是公共权力领域与私人领域之间的中间领域，其中的批判性话语成了公众舆论，它是市民就一切公共性事务——无论是私人领域中的公共性事务还是公共权力的运作——进行公开探讨。后来他从对话语的关注中发展出交往行动理论，指出："行动者借助他的运动，可以改变世界上的事物。当然，我们可以把一个主体借以干预世界的行动（工具性的行动），与一个主体借以体现一种意义的运动（交往中的表达）区别开来。在这两种情况下，身体运动都会促使世界上发生一种物质的变化；这种变化在第一种情况下发生因果的关联，在另外一种情况下，发生语义学的关联。"③ 也就是说，社会当中存在两种实践：一类是借助工具改造物的世界的实践，另一类是通过话语、交往改造人的社会关系的实践。这里征显出现代语言学转向，反映了现代公共生活的"语义学关联"的特征。在这里，对于"公共"的研究的第一条支脉和第二条支脉趋向合流。

对"公共"的研究的第二条支脉与政治哲学关注的侧重点有所不同，这一条支脉重视研究个人与社会、自我与他人之间的关系。与之相关，最具影响力的观点之一就是个体主义，尤其是它在近代

---

① ［德］哈贝马斯：《公共领域的结构转型》，曹卫东等译，学林出版社，1999 年版，第 32 页。

② ［德］哈贝马斯：《公共领域的结构转型》，曹卫东等译，学林出版社，1999 年版，第 11 页。

③ ［德］哈贝马斯：《交往行动理论》第一卷，洪佩瑜、蔺青译，重庆出版社 1994 年版，第 137 页。

资产阶级的社会哲学、政治哲学和伦理学研究中已经具有了方法论的地位。① 近代的个体主义肇始于近代的主体性原则，源于笛卡尔的"我思故我在"的认识论命题。这一命题将存在的根据追溯到认识的自我主体，在遮蔽了他人的认识体验的同时，制造了自我与他人的对立。自我与其他所有人对立的结果就是个人与社会的对立。

康德进一步探讨了"我思故我在"中的"我思"背后的纯粹理性根基，继而扩展了理性原则。通过实践理性，康德把人规定为自为的存在，也就是说，人是以自身为目的的存在。对于每一个人来说，"你的行动，要把你自己人身中的人性，和其他人身中的人性，在任何时候都同样看作是目的，永远不能只看作是手段"。所以，每个人"都自在地作为目的而实存着"②。与物相比，毫无疑问，"物是手段，人是目的"③。但是，现实生活中显然存在着人与人之间互为中介、互为手段的情况，对这点，康德说："在这个目的秩序中，人（与他一起每一个有理性的存在者）就是自在的目的本身，亦即他永远不能被某个人（甚至不能被上帝）单纯用作手段而不是在此同时自身又是目的，所以在我们人格中的人性对我们来说本身必定是神圣的：这就是从现在起自然得出的结论，因为人是道德律的主体。"④ 也就是说，人在作为目的的同时，可以被用作手段，所以，"人是目的"是指的人是根本目的。人的自在自为的性质是人的一般

---

① ［英］伊恩·伯基特：《社会性自我》，李康译，北京大学出版社 2012 年版，第3 页。

② ［德］伊曼努尔·康德：《道德形而上学原理》，苗力田译，上海人民出版社2012 年版，第 36 页。

③ 俞吾金："如何理解康德关于'人是目的'的观念"，《哲学动态》，2011 年第 5期，第 26 页。

④ ［德］康德：《实践理性批判》，邓晓芒译，杨祖陶校，人民出版社，2003 年版，第 180 页。

本性，也可以看作是人的共同本质、"公共本质"。萨特也指出，康德确立的是所有人的共同的、普遍的法则，而非仅指个人，"主体只是这些个人的共同本质"①。

　　黑格尔直接探讨了人的"公共本质"。按黑格尔的思想逻辑，"自我［主体］"就是"自在而又自为存在的本质"，这一"精神性的本质"也是"伦理实体"。②"伦理实体，……是现实的实体，是在实际存在着的意识的复杂性中实现了的绝对精神；这个规定下的绝对精神，即是公共本质［或共体］，……这个共体或公共本质是这样一种精神，它是自为的，因为它保持其自身于作为其成员的那些个体的反思之中，它又是自在的，或者说它又是实体，因为它在本身内包含着这些个体。作为现实的实体，这种精神是一个民族，作为现实的意识，它是民族的公民。"③共体就是共同体，它是现实化的绝对精神，即公共本质。在普遍性的形式下它是伦常习俗；在个别性的形式下它是单一的、确定的政府；而它的真理性就在于它所具有的公开的权威性。这表明，共同体是人的存在的"公共本质"、普遍本质。由于共同体是人类理性的外化，那么，共同体及其本质——理性——都是人的公共本质、普遍本质。这样，理性就透射出公共的意义和内涵。

　　实践理性通过"人是自为的存在"的命题开启了主体性的存在论视阈。黑格尔只是通过"理性及其外化"将认识论与存在论的问题合一，而海德格尔和萨特则完全是在存在主义的基础上探讨自我

---

① ［法］萨特：《存在与虚无》，陈宣良等译，杜小真校，生活·读书·新知三联书店，2012年版，第287页。
② ［德］黑格尔：《精神现象学》下卷，贺麟、王玖兴译，商务印书馆1979年版（2010年重印），第2页。
③ ［德］黑格尔：《精神现象学》下卷，贺麟、王玖兴译，商务印书馆1979年版（2010年重印），第8页。

与他人、个人与社会之间的关系。海德格尔的"共在"范畴彰显了人的存在的公共本性。他说："世界向来已经总是我和他人共同分有的世界。此在的世界是共同世界。'在之中'就是与他人共同存在。他人的在世界之内的自在存在就是共同此在。"① "此在本质上是共在"，乃至于，"此在之独在也是在世界中共在。他人只能在一种共在中而且只能为一种共在而不在。""共在"的意涵处于人的基本的存在论结构中，从而，人的一切可能的存在样式——独在、共在、不在——都预先肯定了"自我与他人共处于这个世界"的基本前提。萨特也印证了这一观点，他说，"我和他人的关系首先并从根本上来讲是存在与存在的关系"②。第一条支脉中对"公共"的政治哲学研究与第二条支脉中对自我与他人、个人与社会之间的关系的研究逐渐汇合，在后现代的语境中呈现出全新的景象，为新的公共哲学的产生铺平了道路。

阿多诺批判了社会的同质化和人的单子化的观点。社会成员的单子化与社会的同一性之间是截然对立的。阿多诺指出，自古以来，哲学都在不断地追求世界的同一性，在社会领域中就表现为极权主义和盲从主义。但实际上，一切事物都是与它的对立面相互依存的。对此，他提出了"否定的辩证法"，认为社会乃至整个世界都是连续的否定的过程。③ 从而，现代社会的同一性表现为："交换原则把人类劳动还原为社会平均劳动时间的抽象的一般概念，因而从根本上类似于同一化原则。商品交换是这一原则的社会模式，没有这一原

---

① ［德］马丁·海德格尔：《存在与时间》，陈嘉映、王庆节合译，熊伟校，生活·读书·新知三联书店，2012 年版，第 138 页。
② ［法］萨特：《存在与虚无》，陈宣良等译，杜小真校，生活·读书·新知三联书店，2012 年版，第 309 页。
③ ［德］阿多尔诺：《否定的辩证法》，张峰译，重庆出版社 1993 年版，中译本序，第 3 页。

则就不会有任何交换。正是通过交换，不同一的个性和成果成了可通约和同一的。这一原则的扩展使整个世界成为同一的，成为总体的。"① 辩证法正是"贯穿同一性的非同一性的意识"②。这意味着，同一性寓于非同一性之中，正是由于非同一性的要素综合起来，才形成了同一性。而且，这种同一性也不是静止的，而是非同一性要素在不断运动中形成的动态综合。这就是在不抛弃整体性的情况下，恢复和保持"让其存在"的开放性原则，"摒弃那种控制一切的野心"，同时"尊重非同一性的特征"③。这也为人的主体性的多元化表现提供了空间。

西方学者反思的第二条理路将自我与他人、个人与社会之间的关系当作整体来把握，致力于确立处理这种关系的实践原则。弗莱德在现代语言学转向的语境中提出了"公共主义"的主张。他指出，在个人与社会之间制造对立与区隔的根本原因在于，"把人类状态视为包含着一种人（以个体的人为典型）与他的自然环境和社会环境之间的对抗状态"④。这种观点在现代的盎格鲁－撒克逊的哲学和欧洲大陆哲学领域中发生了"从个体意识到语言和语言学的交流"的转向。⑤ 在此基础上，"公共主义"将社会看作是一个有机联系的整体，它既"把公共的相互作用归结为一种传统的，或者是由习惯化、风俗或礼仪所支配的相互作用样式"，然而又为人们的情感等非理性

---

① ［德］阿多尔诺：《否定的辩证法》，张峰译，重庆出版社1993年版，第143页。

② ［德］阿多尔诺：《否定的辩证法》，张峰译，重庆出版社1993年版，第154－155页。

③ ［美］弗莱德·R. 多迈尔：《主体性的黄昏》，万俊人译，广西师范大学出版社，2013年版，第151页。

④ ［美］弗莱德·R·多迈尔：《主体性的黄昏》，万俊人译，广西师范大学出版社2013年版，第39页。

⑤ ［美］弗莱德·R·多迈尔：《主体性的黄昏》，万俊人译，广西师范大学出版社2013年版，第39页。

的表达留出了合法的空间。"公共主义"具有"非意向的、前主体的和前反省的渊源意义",它也表达了海德格尔的"共在"范畴的意涵。公共主义并不指称某种特殊的社会形态的特征,而是描述了不断变化却又总是包括经济、政治和文化等各个方面的人类社会。"公共主义"既不把社会看作是一个同质化的实体,也不把社会看作是单子化个人之间的组合,而是认为社会就是人们的共同生活。具有特殊性的个人在公共主义的视野中是共同并存的。①

　　后现代主义者更加彻底地批判了抽象看待个人或社会的观点,它反对一切形而上学的同一性、实体性的思维方式。利奥塔尔认为,无论是把个人看作单子的观点,还是把社会看作同质化实体的观点,它们都是将社会还原为"原子"个体或将个人消融于共同体实体的企图,这本质上是对宏大叙事式的本体论的追求。宏大叙事式的本体论总是企图将社会归结为一元化实体,不管这一实体是个人还是社会。但事实上,社会并不是也不能被还原为任何单一的、绝对的实体。在现代社会中,"'自我'是微不足道的,但它并不孤立,它处在比过去任何时候都复杂,更多变的关系网中。不论青年人还是老年人、男人还是女人、富人还是穷人,都始终处在交流线路的一些'节点'上,尽管它们极其微小。或者更应该说:处在不同性质的陈述经过的一些位置上"②。在这里,社会被看作是在不同的话语陈述及其所附带的行动之间所产生的关系上构筑起来的,是在话语与行动的交互作用的动态过程中形成的。每个人虽然微小,但却拥有实现自我的特殊性目的和愿望的空间。所以,首先,在这种社

---

① ［美］弗莱德·R·多迈尔:《主体性的黄昏》,万俊人译,广西师范大学出版社2013年版,第157-158页。

② ［法］让-弗朗索瓦·利奥塔尔:《后现代状态》,车槿山译,南京大学出版社2011年版,第61页。

会中并不存在绝对的、唯一的价值。宏大叙事所提供的伟大目标并非"真的关系到生活目标。生活目标由每个人自己决定。每个人都返回自我，每个人都知道这个'自我'是微不足道的"①。其次，社会中也不存在统一的标准，因为，"合理"就是话语与行动的具体尺度，"合理"的程度由合法性的程度决定，合法性是合法化过程所实现的属性，而"合法化只可能来自他们自己的语言实践和交流互动"②。

（二）对于社会公共性的元哲学阐释

西方学者对将自我与他人、个人与社会看作截然对立的观点也进行了反思，主要形成了两条理路：第一条理路是，批判抽象对待自我的个体性或个体的独特性的态度，或批判片面强调社会的同质化或世界的同一性的观点；第二条理论是，完全破解从个人或社会的任何一端来理解自我与他人、个人与社会之间的关系的逻辑，转而将这种关系作为整体来把握。前者凸显出批判性，后者则显示出建构性。

在第一条理路中，西方学者批判一切抽象、片面地看待个人或社会的观点。吉登斯在对马克思的思想进行解读的基础上，着力批判了原子个人主义。他指出，"原子论"的个人主义的根本缺陷在于把个人看作是"没有需求"和"自给自足"的实体。③ 自给自足的个人的自由往往被误认为是随心所欲。然而，在马克思那里，人的

---

① ［法］让－弗朗索瓦·利奥塔尔：《后现代状态》，车槿山译，南京大学出版社2011年版，第60页。

② ［法］让－弗朗索瓦·利奥塔尔：《后现代状态》，车槿山译，南京大学出版社2011年版，第143页。

③ ［英］安东尼·吉登斯：《资本主义与现代社会理论——对马克思、涂尔干和韦伯著作的分析》，郭忠华、潘华凌译，上海译文出版社2013年版，第288页。

自由与理性是紧密相连的。黑格尔就认为，基于利己主义的随心所欲只是任性，而非自由，"自由不是利己主义的实践，而事实上与其相反"。自由意味着能够理性、自主地控制自我的行为，不受超出理性的外在或内在力量的驱使。理性的自主"不仅有能力控制选择的形式，而且还有能力控制选择的内容"。① 以"自主"为内核的自由意味着，人们在实现自我利益的同时能够理性地以他人的利益为边界，这也就不会破坏人与人之间相互依存的关系。而且，即使在现实经验中个人与社会之间存在一定利益冲突，但是，"在马克思的观念中，这种个人与社会之间固有的对立，并不存在任何非社会性的基础"。因为个人的所有"感官需求"都具有"社会化特征"。② 利己主义也在很大程度上是社会的产物，这是由于个人的需求和动机的外在形式大多是由社会的经济进步所赋予的。

总而言之，西方学者的第一条理路和第二条理路都是为了消除在自我与他人、个人与社会之间制造的抽象对立，从而真实地反映自我与他人、个人与社会之间的本有关系。为此，也有学者提出了"社会性自我"的概念。"社会性自我"是指把自我理解为社会的个体，而不是自给自足的原子。所有的个体自我之间必然相互关联，而在由个体组成的社会里，所有的个体都分别是不同的"自我"。同时，个体自我的身份也是多重的，在不同的行动情境中，"自我"是不同的；在不同的发展阶段中，"自我"也不完全相同。③ 归根结底，从现实经验的层面来说，自我与他人、个人与社会之间毕竟是

---

① ［英］安东尼·吉登斯：《资本主义与现代社会理论——对马克思、涂尔干和韦伯著作的分析》，郭忠华、潘华凌译，上海译文出版社2013年版，第289页。

② ［英］安东尼·吉登斯：《资本主义与现代社会理论——对马克思、涂尔干和韦伯著作的分析》，郭忠华、潘华凌译，上海译文出版社2013年版，第290页。

③ ［英］伊恩·伯基特：《社会性自我：自我与社会面面观》，李康译，北京大学出版社2012年版，第4页。

存在差异和对立的。诚如阿格妮丝所说："即使在以共同体为基础的社会中，个人与共同体之间也可能而且的确出现过矛盾。……由于两个原因可能产生矛盾：首先是由于个人的个性过分能动的性质，通过使之凌驾于他人之上而威胁到公共的均衡；其次是个人把自己的排他主义目标（个人成功，致富，等等）摆在共同体的目标和利益之上，并开始把共同体视作实现他自己的个人目标和手段。"①

但是，自我与他人、个人与社会之间的对立并不是绝对的，而是在差异性的基础上的统一，其根本利益是一致的。马克思认为，人天生是社会性动物，人的本质"是一切社会关系的总和"，"全部社会生活在本质上是实践的"②。也就是说，人总是在彼此依赖、相互合作的共同实践中生活的。用中国哲学的传统智慧来看，自我与他人、个人与社会之间就是一种"和而不同"的关系。"和而不同"是中国哲学中处理单一性与多样性之间的关系的智慧，它认为，社会中的人与人、群体与群体的具体利益有殊异性，但彼此之间具有本质上的一致性，因此，可以在不同的特殊利益之间实现相互协调、动态平衡。

（三）中国传统的公共哲学思想

公共哲学不独有西方哲学思想的来源，也继承中国哲学思想的传统。首先，中国哲学特别重视人的主体性。牟宗三指出，"中国哲学特重'主体性'（Subjectivity）与'内在道德性'（Inner – morality）。中国思想的三大主流，即儒释道三教，都重主体性，然而只有儒家思想这主流中的主流，把主体性复加以特殊的规定，而成为

---

① ［匈］阿格妮丝·赫勒：《日常生活》，衣俊卿译，重庆出版社 2010 年版，第 41 页。

② 《马克思恩格斯选集》第 1 卷，人民出版社 2012 年版，第 135 页。

'内在道德性'，即成为道德的主体性"①。可以说，"中国哲学以'生命'为中心"②。"生命"，是"真切于人生的"③。这就印证了中国哲学特重人事、把人看作主体的特点。只不过，这一主体有明显的道德性和政治性的特征，换句话说，中国古代的哲学思想特别注重从道德关系或政治关系来理解人。

中国古代的哲学家从各个方面论述了世界是具有主体性的个人共同存在的世界。从孔子对"仁"的规定来看，"仁"的本质就是把自我与他人看作是同样具有主体性的个体。无论是"仁者爱人"（《论语·颜渊》），还是"己欲立而立人，己欲达而达人"（《论语·雍也》），又或是"己所不欲，勿施于人"（《论语·卫灵公》），都是要求每个人认识到，他人与自己一样，都具有一定能力和需要，个人与个人之间要相互关心，尊重彼此的自主权。这是孔子的所有道德和政治原则的出发点。"仁"揭示出，每个人既是自为的存在，又是为他的存在。孟子继承了孔子的思想，更加强调国家存在的公共性，即国家以人民为主体，"民为贵，社稷次之，君为轻"（《孟子·尽心下》）。人民是国家的主体的思想在其他思想家那里也得到了体现，例如《吕氏春秋·贵公》："天下，非一人之天下也，天下之天下也。"再如与"民贵君轻"相近的思想"民惟邦本，本固邦宁"④，强调人民生活稳定是国家安宁的前提。又如"君依于国，国依于民。……民愁则国危，国危则君丧矣"⑤，强调国家依靠人民而

---

① 牟宗三：《中国哲学的特质》，上海古籍出版社 2008 年版，第 4 页。
② 牟宗三：《中国哲学的特质》，上海古籍出版社 2008 年版，第 5 页。
③ 牟宗三：《中国哲学的特质》，上海古籍出版社 2008 年版，第 5 页。
④ 李学勤主编：《十三经注疏·尚书正义》，北京大学出版社，1999 年版，第 117 页。
⑤ ［宋］司马光编著：《资治通鉴》，第十三册，中华书局，1956 年版，第 6026 页。

存在，人民愁苦，国家就会陷入危机。

　　从古至今，"天下为公"的思想保持了鲜活的生命力。"天下为公"语出《礼记·礼运》："大道之行也，天下为公。选贤与能，讲信修睦。故人不独亲其亲，不独子其子。使老有所终，壮有所用，幼有所长，矜寡孤独废疾者皆有所养。男有分，女有归。货，恶其弃于地也，而不必藏于己；力，恶其不出于身也，而不必为己。是故谋闭而不兴，盗窃乱贼而不作。故外户而不闭。是谓大同。""天下为公"的思想发源于禅让制。郑玄注曰："公犹共也。禅位授圣，不家之。"① 孔颖达疏曰："'天下为公'，谓天子位也。为公，谓揖让而授圣德，不私传子孙，即废朱均而用舜禹是也。"② 孙希旦的集解曰："天下为公者，天子之位传贤而不传子也。……此言五帝之时也。"③ 也就是说，"天下为公"原是指天子之位并非一人一家所有，而是为天下所共有，传贤不传子。后来它也成为治国理政的原则。《吕氏春秋·贵公》："昔先圣王之治天下也，必先公。公则天下平矣。平得于公。尝试观于上志，有得天下者众矣，其得之以公，其失之必以偏。凡主之立也，生于公。"这里强调的是治理者必须在人民之中维护公平，这是政权稳固的基础。"天下为公"的目标是"大同"。"大同"也就是要实现：政治上选贤任能，社会中彼此诚信、和睦，人人都互相关心，共同为公共利益服务；人人都各得其所，充分发挥自己的才能；经济上实现公有制，社会治安良好。时至近代，康有为将之进一步归纳为："无邦国，无帝王，人人相亲，

---

① 李学勤主编：《十三经注疏·礼记正义》，中册，北京大学出版社，1999 年版，第 658 页。

② 李学勤主编：《十三经注疏·礼记正义》，中册，北京大学出版社，1999 年版，第 659 页。

③ ［清］孙希旦：《礼记集解》，中册，中华书局，1989 年版，第 582 - 583 页。

人人平等，天下为公，是谓大同"①。

"天下为公"在成为近代革命事业的口号时，才正式登上了中国社会主流思想的舞台。孙中山在结合美国和法国的民主、民权思想的基础上，提出了"三民主义"。其中，自由即民族主义，平等即民权主义，博爱即民生主义。② 尤其是，他也受到了俄国十月革命的影响，主张联合弱小民族"共同用公理去打破强权"③。他指出，"提倡人民的权利，便是公天下的道理"④，因此，"三民主义"可以看作是对"天下为公"的具体阐发。孙中山继承了"人民是国家的主体"的思想，他说，"政是众人之事，集合众人之事的大力量，便叫做政权；政权就可以说是民权。治是管理众人之事，集合管理众人之事的大力量，便叫做治权；治权就可以说是政府权"⑤。具体而言，"国家的政治，根本上要人民有权；至于管理政府的人，便要付之于有能的专门家"⑥。人民管理政府，就要像工程师管理机器。因而，"天下为公""大同世界"就是主张民权。⑦"天下为公，人人的权利都是很平的"⑧，社会公平才是"天下为公"。孙中山对于"天下为公"思想的阐发对后世造成了深远影响。

"天下为公"是中国人民自近代以来不断追求的理念，在当代，这一理念体现在实现社会的法治与公平正义，全体社会成员对国家和社会发展的共同负责，共同担当。如今，伴随着中国实力的增强，

---

① 康有为：《大同书》，中华书局，2012 年版，第 71 页。
② 孙中山：《孙中山选集》，下册，人民出版社 2011 年版，第 751 页。
③ 孙中山：《孙中山选集》，下册，人民出版社 2011 年版，第 680 页。
④ 孙中山：《孙中山选集》，下册，人民出版社 2011 年版，第 916 页。
⑤ 孙中山：《孙中山选集》，下册，人民出版社 2011 年版，第 821 页。
⑥ 孙中山：《孙中山选集》，下册，人民出版社 2011 年版，第 808 页。
⑦ 孙中山：《孙中山选集》，下册，人民出版社 2011 年版，第 727 页。
⑧ 孙中山：《孙中山选集》，下册，人民出版社 2011 年版，第 916 页。

"天下为公"也跨出了国界，中华民族寻求为人类的共同发展做出自己的贡献。随着全球化的发展，不仅各种资源通过政治、经济、文化方面的交流与合作越来越成为不同民族和国家的共同财富，而且生态危机也成为不同民族和国家的共同问题，关乎全部人类的生存。面对这些公共问题，西方哲学思想中纵然有许多值得借鉴的地方，但是面临自我的主体性与他人的主体性，个人的独特性、多元性与社会的整体性、统一性之间的矛盾，它依旧应对乏力。根本原因在于，在西方哲学中，"一"和"多"从根本上是对立的。而中国哲学的传统中的辩证思想却能够在统一中把握两者的对立，从而为处理自我与他人、个人与社会之间的矛盾关系提供了新的思想资源。

三、"不同而和"：中国马克思主义公共哲学的新境界

（一）"和而不同"的本义及现代新释

"和而不同"语出《论语·子路》："君子和而不同，小人同而不和"。"和"一般是指不同音符之间的和谐、协调，又可以形容不同要素之间的综合平衡；"同"是指相同、同一。朱熹注曰："和者，无乖戾之心；同者，有阿比之意。"① "和"是指君子不刻意制造与他人的冲突，并不将自己看作与他人相对立的存在，而以与他人和平共处为目的；小人求"同"，要么总是与社会中的强势者保持一致，要么就是要求他人与自己保持一致，以实现一个个体或一个团体的单一利益为目的。君子以宽容的态度处世，总是求同存异，寻求与他人相一致之处，寻求与他人合作；而小人则不能接受不同的利益存在，面对一切不能与自己保持同一的主体，要么消灭之，要么迫其苟同。君子讲求"和"，希望能够在推动社会整体进步的基

---

① 《四书章句集注》，中华书局 2011 年版，第 139 页。

础上实现个体利益；小人讲求"同"，不以社会的整体利益为计，只求实现特殊主体的特殊利益。君子寻求的是多元主体的利益的内在一致性；小人寻求的是多元主体的利益的外在同一性。

社会中的主体在性别、能力、需要、欲求、意志、价值观、情感模式、精神状态等外在和内在方面本身就千差万别，所以，社会是由多元主体构成的多样性的综合体。故而，不同的主体在收入、地位、生活水平、文化素质等方面存在着差别是十分自然的事情。无论在什么样的社会，都难以达到人与人之间的绝对相同和一致。所谓"君子喻于义，小人喻于利"（《论语·理仁》）。"义者，天理之所宜。利者，人情之所欲。"① 君子遵从的是"天理"，他尊重世界本身的多样性。之所以强调平等，是因为人不仅仅是当下客观现实的存在，而且也是使现实趋向于理想的、即有价值追求的存在。

多元主体中的弱势者希求改善自身状况，提高自身地位，而强势者则希望获取更大利益。但是，一定时期内的资源总量有限，所以，强势者利益的扩大总以弱势者利益的萎缩为前提。然而，每个人希图构建更良好生活的意愿是一致的，这种强势者对弱势者的压迫与人本身的趋向相悖，所以，弱势者必然提出平等的要求。无论平等要求的代表者是谁，这一要求的真正主体都是弱势群体。强势者并不会真切感受到对平等的需求，他们只是在弱势者为争取平等权利的斗争中才能意识到平等对维系共同体的重要性。

（二）弱势群体与强势群体的矛盾

强势群体是共同体的最大受益者。正是借助于将共同体的集体力量为自己所用，把共同体的财富占为己有，强势群体才获得优势地位。共同体一旦解散，强势群体的利益来源也就被切断了。所以，

---

① 《四书章句集注》，中华书局 2011 年版，第 72 页。

共同体是强势者的资源，却是弱势者的枷锁，它只会日益吸吮弱势者微薄的利益，而利用既有体制帮助强势者积聚财富。因而，革命向来都是弱势者的诉求，因为现有体制是他们的禁锢和剥削者，消解共同体只是使他们获得解放；而强势者则反对革命，因为他们是现有体制的既得利益者。总起来说，革命话语把弱势者与强势者、弱势群体与共同体之间看作根本上对立的关系，从而一次又一次地寻求颠覆既有秩序。但从历史上来看，革命从未真正改变人类的不平等状况，弱势者不过在革命之后成为新的强势者，又去压迫新产生的弱势者。革命使得弱势者与强势者陷入了不断的对抗、消灭彼此的循环往复中，似乎永远不可能改变总有一部分人受到剥削和压迫的状况。

革命话语的问题在于过分强调弱势者与强势者之间的区别和对立，忽视了二者也有一致的追求，即不断改善自身生活；过分强调了共同体对弱势群体的禁锢、压迫和剥削，忽视了弱势群体对共同体的根本依赖性。弱势群体与强势群体的差别和对立实质上是利益分配的差别和不公平，所以，如何从寻求双方利益的一致性和利益分配的公平中展开实践，均衡利益差别，缓解利益对立，促使双方的和谐共处乃至合作，是当今社会发展的主要目标。

"君子尚义，故有不同。小人尚利，安得而和?"① 君子强调无论如何都不能消灭、剥削或压迫一部分人的利益来满足另一部分人的利益，主张维护每一主体的合理权益，故而能够促成弱势群体与强势群体的和谐并存。但是，小人只注重自己关心的利益，自然也就难以促成和平。事实上，只注重社会的某种单一、局部的利益，忽视社会整体的多元化需求，并不能推动社会进步。因为，"若以水

---

① 《四书章句集注》，中华书局 2011 年版，第 139 页。

济水，谁能食之？若琴瑟之专一，谁能听之？"① 片面强调单一、局部利益，不仅会导致社会发展的畸形与失衡，还会造成社会显失公平，窒息社会活力。这也正是"和实生物，同则不继"（《国语·郑语》）的道理。但是，如果放任多元主体之间的对立和冲突，任凭其相互诋毁，则会造成社会各方"共输"的局面。

（三）由"和而不同"到"不同而和"

多元化利益之间需要协同综合，共同作用于社会的发展。就"和而不同"来看，"和"是基础，也是目的。正是由于社会主体间存在着最低限度的共同利益，才有彼此合作的可能，而且都以共生、共赢为根本目标。其次，"不同"是"和"的动力。正因为一个主体只能满足社会的一方面的需要，多元主体之间才需要相互合作。总而言之，社会主义市场经济中的多元利益主体之间的关系可以概括为"不同而和"。

"不同而和"意味着社会主义市场经济中多元利益主体之间的对立和冲突只是相对的，他们在根本上是相互依赖和共赢的关系。政府的作用，正在于促进社会全面、公平、合理、均衡地发展。在具体的实践中，需要采取以下两条路径：

首先，需要形成全社会共同遵守的规则，并由政府实现和维护。规则划分了公私领域的主要界限，人们走出家庭和私人领域，进入公共领域，就默认了共同的规则，受其保护，也受其规约。市场经济的多元利益主体之间必然产生矛盾，但只要依据共同规则加以解决即可。这样，市场主体才有充分发挥自身能力和追逐自身利益的自由。政府的作用，在于保护这一规则，维持公私区别，使得包括政府在内的一切市场主体都遵守这一规则，既防止公共权力干扰私

① 《论语译注》，杨伯峻译注，中华书局2009年版（2012年重印），第140页。

人生活，也防止私人利益侵蚀公共规则。由此，才能维持社会的公平正义。消灭不公平现象，就是消除利益分配中的不合理现象，对此，政府必须制定和调整政策予以制止。总之，遵守共同规则在当代社会就是实现法治，而共同规则必须由对话到达致共识来形成。

其次，促进多元主体之间的对话，树立公共意识。对话是达成共识的途径，话语总是存在于对话当中，话语在当今世界的民主化进程中具有核心意义。事实上，对话并不必然采取交谈的形式，其关键是每个人能够向他人展示自己的精神世界，也能够深入地考察、了解、理解他人的精神世界。在此基础上，才能形成关于共同体发展、解决争端等一系列公共议题的共识，共识有时只需默认。话语是精神表达的唯一通道，但话语不仅是说话，还包括一系列能够表达意义的动作和象征。由于精神具有内在性特征，所以人们只能通过话语进入彼此的精神世界，而且每个个体也只能通过话语由内在私人世界进入外在公共世界。对话是不同个体之间建立精神联结的唯一桥梁。人与人的精神联结无非包括理智上的相互理解与情感上的相互同情，没有语言，缺乏这种精神联结，每个人的精神都只是被囚禁的灵魂。精神生于公共空间，也只能在公共空间中得以持存。缺乏人类共同的精神表达的世界，将会是一片荒芜，既无公共意识，也不可能形成共同体。离开共同体，人就无法生存。中国马克思主义公共哲学就是要帮助市场主体树立公共意识，使其能从公共性的角度看待个人利益，改变彼此间的敌视态度，从而，促使市场主体之间构建精神联系，维系共同体并推动社会主义市场经济的建设和发展。

结　论

　　西方古典公共哲学注重公共性对于社会的基础性意义，这与马克思强调社会性是人的本质属性相一致。人的本质"在其现实性上，它是一切社会关系的总和"①。人们在社会关系中进行言语和行动的互动，应该说，不只是语言的沟通交流塑造了现代社会的关系，人们更是在行动中实际地创造或改变了社会关系。只不过在当代，由于语言在社会中日益重要的影响力，使得语言本身也成了一种行动。人与人的共在并非抽象地并立，因为历史唯物主义强调不能抽象地理解人的个体，人的个体只要实践就必定与他人发生一定关系。所以，人与人之间的共在就是指的普遍的社会联系，即反映了人的类本质。类本质就是"一种内在的、无声的、把许多个人自然地联系起来的普遍性"②。人的类本质就是实践性，每个人都是具体的实践的个体。这种千差万别的个体自然抵制一切同质化的企图，承认世界的多元化也是社会进步的客观需要。从而，个体与社会环境之间的关系不是抽象地敌对关系，而是互为前提的统一关系。人的确受

---

　　① 《马克思恩格斯选集》，第1卷，人民出版社2012年版，第135页。
　　② 《马克思恩格斯选集》，第1卷，人民出版社2012年版，第135页。

到环境的塑造，但是环境本身也是人的活动的产物，"环境的改变和人的活动或自我改变"是一致的，它们都是改变人类现存状况的实践。

马克思承认市民社会与政治国家的二元划分方式，只不过其关系是市民社会的状况决定政治国家的性质。资产阶级公共领域看似是大众对国家权力的监督，事实上只是资产阶级的内部监督。因为市民社会所决定的社会分层，早已通过财产、谋生、教育等方式将一部分人排除在了社会批判性的公众舆论之外。这与孟子所提出的"民贵君轻"思想和"天下为公"的思想一样都只是停留在空想或虚假的层面。因为当时的社会状况并不具备实现这种理想的条件。历史唯物主义的政治指向就是实现共产主义制度，建立真正属于全体人民的政府，从而彻底实现公平、公正，实现全体人类的联合，其与"天下为公"的内涵当然是一致的，但是"天下为公"是不可能在阶级社会实现的，因为它不具有财产分配公平与社会身份平等的基础。尽管如此，实现"天下为公"仍然可以看作是中国化马克思主义的根本目标的表达，可以看作是中国特色社会主义的发展目标。实现"天下为公"是一个长期的过程，只有解决了这个过程当中方方面面的问题，才能使社会主义各项实践向实现共产主义的目标前进。

马克思主义哲学以历史唯物主义为根本精神，强调哲学研究必须回应社会实践当中的紧迫问题。中国马克思主义公共哲学强调以实现共产主义为根本目标，回应建设中国特色社会主义的实践需求，立足于社会主义市场经济发展的境遇，揭示当代中国社会的公共性的特征，解决实现"天下为公"、实现社会的公平与公正的过程中所面临的各种问题。对当代中国发展有决定意义的问题主要反映在两个方面：财富公平问题与社会正义问题。如何解决多元化利益的主体之间的关系的问题，以及如何处理个人利益与社会的公共利益之间的关系的问题，其本质在于如何促进社会财富的公平分配的问题。如何处理个人价值的实现与社会发展之间的关系问题，如何保证公共权力的正确使用以及如何在公共权力的运用下保障合理私人权益的问题，实质上正是如何实现社会正义的问题。这些都是马克思主义哲学本身所关注的主要问题。

从财富分配的现实情况来看，当代中国社会面临着明显的贫富不均的局面。财富占有的不均导致了人们对各种社会资源和自然资源的使用不均。拥有大量财富的人群独占了社会的许多资源，这就导致了社会的另一部分人在寻求发展的时候无法获得足够的资源和条件。某些社会资源和自然资源的占有与使用如此不均，以至于国家的贫困地区和自然环境恶劣地区时常缺乏满足基本生存需要的物质资料。而且，当人们迫切地想要改变这种现状时，往往寻求教育途径。但是，知识——这种本具有不受物质形式和数量局限的精神财富，竟然也由于财富的不公平所导致的教育机会的不公平，而一定程度上变成富有人群的私占对象。这就使得财富分配的不公平不仅导致了当下人们占有和使用资源的不公平，而且进一步阻塞了改变这种不公平的途径。

让财富分配不均变得雪上加霜的是西方资本主义的自由主义在当代中国的流行。尽管自由主义在引起资本主义经济危机之后就为西方世界广为诟病，但这却在刚刚建立社会主义市场经济的中国当代社会中广受推崇，究其原因，主要是自由主义符合了市场经济解放个人生产力的需求。自由主义强调在自由的市场中能者多劳，多劳多得，无论积聚多少数量的财富都是合理的。贫富差距仅仅反映了个人能力的差别，而不能适应竞争或无力经营导致贫困的人理应受到社会的淘汰。这种观点完全把现代社会的人与人之间的关系变成了永恒的战争关系，将一些人的自我实现建立在另一些人的毁灭的基础上。

当然，马克思反对抽象地看待人的本质，但他确实承认人们具有自然地、内在地联系起来的普遍性作为人的类本质。在这一类本质中，生存即个人发展的权利是每一个人天然的、无可置疑的根本权利。撇弃了这一类本质的实在基础，任何理念都会沦为抽象幻想，自由主义也是如此。自由主义不过是反映了资本主义对禁锢个体的生产力的社会等级制、绑缚自由劳动力的人身土地依附制度的反抗，它本身一旦超出解放社会的自由生产力的任务范围，就失去了历史合法性，转而成为贵族阶层借助社会地位攫取利益、富人阶层大量占据资源的借口，违背人类生存和发展的根本利益。政府既然是公共权力的唯一合法代理，它就必须首要地为每一个人提供生存和发展的基本条件，制定政策干预财富分配和资源流向，保证每个个体拥有必需的财产和资源，并将自由主义严格限制在不破坏市场秩序、不危及他人生存的范围内。而且，也只有依靠政府手中的公共权力，才能实现教育的社会化、公共化，以保障每个人改变自身状况的权利，维护社会公平的自我调节机制。

社会正义在当代中国受到挑战。正义虽然在不同的历史阶段表现出了不同含义，但是其基本内涵却一直保持稳定，这就是柏拉图在《理想国》所揭示的，国家的正义在于"生意人、辅助者和谋划者""在国家里各做各的事"；个人的正义在于"自身内的各种品质在自身内各起各的作用"，"即也是做他本分的事情"。① 总结起来，正义就是各得其所。然而，当代社会中存在着私人权益与公共权力

---

① ［古希腊］柏拉图：《理想国》，郭斌和、张竹明译，商务印书馆，1986年版，第169页。

互相侵犯，个人价值的实现与社会发展相互妨害的局面。概括地来讲，如果公共权力能够完全代表社会的公共利益，那么私人权益与公共权力之间的矛盾就可以看作是个人价值实现与社会发展之间的矛盾的一种特殊形态。如果公共权力不能代表社会的公共利益，转而仅为某些私人利益服务，这本身已经是个人价值实现的追求与社会的公共福利相矛盾的一种状况。因而，归根结底，社会正义的真正问题在于个人价值和社会发展所分别代表的利益是否能各得其所。

伴随着西方思想传入中国，其传统文化中的个人主义给长期以来强调"大公无私"的中国社会带来了巨大的文化冲击。一时间，凭借着市场经济对个体自由的解放，人们纷纷强调实现个体价值，追求个体利益，出现了解构社会价值，将社会存在虚无化的倾向。这很快带来恶果。首先是社会公德日渐式微，社会出现了大量不适合运用法律的强制力予以规范，但又确实给每个人生活带来不便的失范现象。其次，一味追求个人利益、实现个人价值的活动，造成了对自然资源的无限度地开采，不知不觉地就破坏了所有人共处的生态环境。更重要的是，人们把追求个体利益的活动看作具有终极合理性的活动，每个人都地把个人价值的实现当作自己乃至整个社会的根本目标，这就使得每个人在损害或破坏社会秩序时变得心安理得。事实上，这就错置了个体价值的地位，超出了个人利益的合理范围。马克思强调人不是单个的、固有的抽象物，他的存在植根于社会当中。所以，任何个人价值和个人利益都要以维护社会秩序和基本的公共利益为前提，这也是个人价值与个人利益的正义性前提。

然而恰恰与之相对，为了维护社会稳定和集体的公共利益，人们有时候主张阻止社会的多元化趋势，阻碍个体的自由创造，用遏制新生事物的方法来防止社会无序因素的增加，这又走到了另一个极端的不正义。须知，创造良好社会环境的目的仍旧是为人的全面自由发展提供更多机会，而非相反。非但社会主义市场经济，而是任何社会发展的目的都是为了使人的价值得到更加自由充分的实现。正进一步反映了共产主义是人类社会发展的总趋向。共产主义社会是自由人的联合体，"在那里，每个人的自由发展是一切人的自由发展的条件"①。可见，为每一个人的自由发展提供条件是社会发展的底线。尽管条件有限，但终究不能违反这一根本的价值指向。这就是社会发展的正义性前提。社会新事物的产生正是依靠多元要素的不断打破和重组，否定多元，也就窒息了社会的创新机制。

在中国马克思主义公共哲学的视野中，社会资源和自然资源应当是每个人生存和发展的共有资源，它们固然无法实现完全的平均分配，但却不能违背社会的基本公平，那就是资源的分配必须保障每个人生存和发展的基本条件。尤其重要的是，政府必须保证每个人拥有通过教育改变自身状况的公平权利。与之相关，个人价值的实现不能以危害社会的公共秩序和基本公共利益为前提，社会的发展也必须以保证个人自由充分发展的条件为限度，这是社会基本的正义原则。只有在这样的公平和正义原则基础上发展起来的社会主义市场经济，才能保证中国特色社会主义向着共同富裕的根本目标前行。

---

① 《马克思恩格斯选集》，第 1 卷，人民出版社 2012 年版，第 422 页。

致　谢

感谢我的合作导师李德顺教授，在站期间，李老师为我付出很多，经常约我见面交谈，十分关注我学习和研究情况。每次指导，李老师都耐心倾听和分析我的想法，细致指出现阶段的缺陷和问题，这保证了我两年的研究都处于正轨上。李老师常常带着我和博士生一起交流，也常常带我参加高级别的学术会议和沙龙，其间谈学论道，为思切切，日润心田。拳拳师心，可见一斑。此恩此情，当铭终生。

感谢我的博士生导师郭湛教授。于京求学五年，此缘分全为恩师所赐。遥想2010年彷徨之中，是郭老师不弃乡野敝帚孤陋，收于门下，悉心调教，今日始有所得。入站两年，郭老师仍然关心有加，家庭、事业，恩师怀爱，恳恳切切之情，永志心间。

感谢法大人文学院各位老师和同学的帮助。文兵老师多有提携照顾，学生感恩有加。李凯林教授百忙中对拙文指导，学生亦十分感谢。孙美堂教授在求职路上多有指导和推荐，感恩非常。张丽清老师耐心为我联系留学单位，帮我沟通留学事宜，细心指导我每一步骤，虽然事终未成，但张老师之细心耐心，学生感激不尽。感激宋老师在出站答辩事务上的细心帮助。王金霞在我入站以来凡大大小小学术活动等都通知我，密切了我和导师以及学校的联系，感激之情，难以言表。李世伟思维广阔活跃，在交流中也不断为我提供思想火花，使我受益良多。尤其感激妻子曹融的关怀与帮助，在我最黑暗无助的日子里，是她帮我点亮了生活之光。还有许多老师和同学也为我提供了友爱、耐心的帮助，在此一并感谢！两年期间，在李老师、文老师等诸位老师和同学的帮助下，我在博士后期间的研究才趋于成熟，终于能够有了一些成型的浅见。没有这些老师和同学的帮助，完成博士后的任务是不可想象的。

　　感谢法大为我提供了一片沃土，让我无悔！回首两年，唯有感恩！

参考文献

一、中文参考著作

1. 中央编译局编译：《马克思恩格斯全集》（第 3 卷），人民出版社 2002 年版。

2. 中央编译局编译：《马克思恩格斯全集》（第 30 卷），人民出版社，1995 年版。

3. 中央编译局编译：《马克思恩格斯全集》（第 42 卷），人民出版社 1982 年版。

4. 中央编译局编译：《马克思恩格斯文集》（第 1 卷），人民出版社，1995 年版。

5. 中央编译局编译：《马克思恩格斯文集》（第 4 卷），人民出版社，2009 年。

6. 中央编译局编译：《马克思恩格斯文集》（第 5 卷），人民出版社 2009 年版。

7. 中央编译局编译：《马克思恩格斯选集》（第 1 卷），人民出版社，2012 年版。

8. 中央编译局编译：《马克思恩格斯选集》（第 2 卷），人民出版社，2012 年版。

9. 中央编译局编译:《马克思恩格斯选集》(第3卷),人民出版社,1995年版。

10. 中央编译局编译:《马克思恩格斯选集》(第4卷),人民出版社,2012年版。

11. 中央编译局编译:《列宁选集》(第4卷),人民出版社,2012年版。

12. [美] 约翰·杜威:《人的问题》,傅统先、邱椿译,上海人民出版社,2006年版。

13. [美] 约翰·杜威:《杜威全集(中期著作)》第十二卷,刘华初、马荣、郑国玉译,马荣校订,刘放桐审定,华东师范大学出版社,2012年版。

14. [美] 约翰·杜威:"实用主义所谓'实践的'是什么意思?",《中期著作(第4卷)》,《实用主义》,世界知识出版社。

15. [美] 迈克尔·桑德尔:《公共哲学——政治中的道德问题》,朱东华、陈文娟、朱慧玲译,中国人民大学出版社2013年版。

16. [美] 路易斯·亨利·摩尔根:《古代社会》,上册,杨东莼等译,商务印书馆,1977年版(2012年重印)。

17. [德] 于尔根·哈贝马斯:《公共领域的结构转型》,上海:学林出版社。

18. [德] J·哈贝马斯、景天魁:《关于公共领域问题的答问》,《社会学研究》,1999年第3期。

19. [古希腊] 亚里士多德:《政治学》,北京:商务印书馆,2011年。

20. [英] 霍布斯:《利维坦》,北京:商务印书馆,2013年。

21. [法] 卢梭:《社会契约论》,北京:商务印书馆,2014年。

22. [德] 康德:《历史理性批判文集》,北京:商务印书馆,

1990 年。

23．［德］马克斯·霍克海默、西奥多·阿道尔诺：《启蒙辩证法：哲学断片》，上海：上海人民出版社，2006 年。

24．［英］约翰·格雷：《自由主义的两张面孔》，顾爱彬等译，江苏人民出版社，2002 年版。

25．［英］乔治·克劳德：《自由主义与价值多元论》，应奇译，江苏人民出版社，2006 年版。

26．［英］以赛亚·柏林：《自由论》，胡传胜译，译林出版社，2003 年版。

27．［英］以赛亚·柏林：《扭曲的人性之材》，岳秀坤译，译林出版社，2009 年版。

28．［美］列奥·施特劳斯：《古典政治理性主义的重生——施特劳斯思想入门》，郭振华译，华夏出版社，2011 年版。

29．［法］让－保罗·萨特：《存在主义是一种人道主义》，周熙良译，上海译文出版社，2012 年版。

30．［德］伊曼努尔·康德：《道德形而上学原理》，苗力田译，上海世纪出版集团，2012 年版。

31．［英］约翰·斯图亚特·穆勒：《功利主义》，叶建新译，中国社会科学出版社，2009 年版。

32．［英］边沁：《道德与立法原理导论》，时殷弘译，商务印书馆，2000 年版。

33．［美］威廉·詹姆斯：《詹姆斯文选》，万俊人、陈亚军，社会科学文献出版社，2007 年版。

34．［英］尼古拉斯·布宁、余纪元：《西方哲学英汉对照词典》，人民出版社，2001 年版。

35．［美］乔治·萨拜因、托马斯·索尔森：《政治学说史（第四版)》（上卷），上海：上海人民出版社，2008 年。

36. ［德］黑格尔：《法哲学原理》，范扬、张企泰译，商务印书馆，2010 年版。

37. ［古希腊］亚里士多德：《政治学》，吴寿彭译，商务印书馆，2011 年版。

38. ［法］卢梭：《社会契约论》，李平沤译，商务印书馆，2014 年版。

39. ［英］鲍桑葵：《关于国家的哲学理论》，汪淑钧译，商务印书馆，1995 年版。

40. ［法］让－弗朗索瓦·利奥塔尔：《后现代状态》，车槿山译，南京大学出版社 2011 年版。

41. ［德］康德：《实践理性批判》，邓晓芒译，杨祖陶校，人民出版社，2003 年版。

42. ［德］马丁·海德格尔：《存在与时间》，陈嘉映、王庆节合译，熊伟校，生活·读书·新知三联书店，2012 年版。

43. ［美］汉娜·阿伦特：《人的境况》，王寅丽译，上海人民出版社，2009 年版。

44. ［德］哈贝马斯：《公共领域的结构转型》，曹卫东等译，学林出版社，1999 年版。

45. ［德］哈贝马斯：《交往行动理论》第一卷，洪佩瑜、蔺青译，重庆出版社 1994 年版。

46. ［英］伊恩·伯基特：《社会性自我》，李康译，北京大学出版社 2012 年版。

47. ［德］伊曼努尔·康德：《道德形而上学原理》，苗力田译，上海人民出版社 2012 年版。

48. ［法］萨特：《存在与虚无》，陈宣良等译，杜小真校，生活·

读书·新知三联书店，2012 年版。

49. ［德］黑格尔：《精神现象学》下卷，贺麟、王玖兴译，商务印书馆 1979 年版（2010 年重印）。

50. ［德］阿多尔诺：《否定的辩证法》，张峰译，重庆出版社 1993 年版。

51. ［美］弗莱德·R. 多迈尔：《主体性的黄昏》，万俊人译，广西师范大学出版社，2013 年版。

52. ［法］让－弗朗索瓦·利奥塔尔：《后现代状态》，车槿山译，南京大学出版社 2011 年版。

53. ［英］安东尼·吉登斯：《资本主义与现代社会理论——对马克思、涂尔干和韦伯著作的分析》，郭忠华、潘华凌译，上海译文出版社 2013 年版。

54. ［匈］阿格妮丝·赫勒：《日常生活》，衣俊卿译，重庆出版社 2010 年版。

55. ［古希腊］柏拉图：《理想国》，郭斌和、张竹明译，商务印书馆，1986 年版。

56. 牟宗三：《中国哲学的特质》，上海古籍出版社 2008 年版。

57. 李学勤主编：《十三经注疏·尚书正义》，北京大学出版社，1999 年版。

58. ［宋］司马光编著：《资治通鉴》，第十三册，中华书局，1956 年版。

59. ［清］孙希旦：《礼记集解》，中册，中华书局，1989 年版。

60. 康有为：《大同书》，中华书局，2012 年版。

61. 《孙中山选集》，下册，人民出版社，2011 年版。

62. 《四书章句集注》，中华书局 2011 年版，第 139 页。

63. 《论语译注》，杨伯峻译注，中华书局 2009 年版（2012 年重印）。

64. 瞿同祖：《中国封建社会》，上海人民出版社，2005 年版（2006 年重印）。

65. 胡如雷：《中国封建社会形态研究》，生活·读书·新知三联书店，1979 年版（1982 年重印）。

66. 钱穆：《晚学盲言》，九州出版社 2011 年版。

67. 陈弱水：《公共意识与中国文化》，新星出版社 2006 年版。

68. 费孝通：《乡土中国　生育制度》，北京大学出版社，1998 年版。

二、中文参考论文

1. 韩升：《哈贝马斯：公共领域的现代转型及其启示》，《社会科学战线》，2011 年第 5 期。

2. 参见邵培仁、展宁：《公共领域之中国神话——一项基于哈贝马斯公共领域文本考察的分析》，《浙江大学学报（人文社会科学版）》2013 年第 5 期。

3. 邓正来：《关于"国家与市民社会"框架的反思与批判》，《吉林大学社会科学学报》，2006 年第 3 期。

4. 杨仁忠：《希腊文明的形成机制与公共理性的历史源头》，《商丘师范学院学报》，2013 年第 5 期。

5. 王敏、马德普：《价值多元论与相对主义——论以赛亚·柏林对价值多元论的辩护》，《天津师范大学学报（社会科学版）》，2012 年第 4 期。

6. 杨晓：《以赛亚·柏林客观价值多元主义探微》，《郑州大学学报（哲学社会科学版）》，2011 年第 2 期。

7. 黄显中：《公德与私德》，《光明日报》2003 年 7 月 8 日，第

6 版。

8. 陈晓平：《公德私德研究——兼评张华夏和盛庆珠的道德理论》，《开放时代》2001 年 12 期。

9. 刘太刚，"公共利益法治论——基于需求溢出理论的分析"，《法学家》2011 年第 6 期。

10. 沈满洪、谢慧明："公共物品问题及其解决思路——公共物品理论文献综述"，《浙江大学学报（人文社会科学版）》，2009 年第 6 期。

11. 陈国权、于洋："公共品的生产和分配：两种不同的行政逻辑——兼论民主行政的适用性"，《浙江大学学报（人文社会科学版）》，2014 年 5 月。

12. 参见蔡守秋："论公众共用物的可持续供给"，《江汉论坛》，2014 年 12 月。

13. 胡鸿高："论公共利益的法律界定——从要素解释的路径"，《中国法学》，2008 年第 4 期。

14. 郭湛："文化：人为的程序和为人的取向"，《中国人民大学学报》，2005 年第 4 期。

15. 李德顺："法治文化论纲"，《中国政法大学学报》，2007 年第 1 期。

16. 郭湛："从主体性到公共性——当代中国马克思主义哲学的走向"，中国社会科学，2008 年第 4 期。

17. 郭湛，王维国："公共性的样态与内涵"，哲学研究 2009 年第 8 期。

18. 郭湛："公共主义的核心价值观念"，中国特色社会主义研究 2011 年第 12 期。

19. 袁祖社："公共性真实：当代马克思主义哲学范式转换的基

点"，河北学刊，2008 年第 4 期。

20. 袁祖社："多元主体的异质共在与类群生活正当性的公共哲学辨识——'新全球化时代'的人类文化与公共生活真实"，西北大学学报（哲学社会科学版），2010 年第 4 期。

21. 袁祖社，董辉："'文化公共性'的实践与现代个体优良心灵秩序的养成"，西安交通大学学报（社会科学版），2014 年第 4 期。

22. 俞吾金："如何理解康德关于'人是目的'的观念"，《哲学动态》，2011 年第 5 期。

三、外文参考著作

1. Walter Lippmann. The Public Philosophy. The Atlantic Monthly Press, 1955.

2. Robert E. Goodin. Utilitarianism as a Public Philosophy. Cambridge University Press, 1995.

3. James Tully. Public Philosophy in a New Key：Volume II Imperialism and Civic Freedom. Cambridge University Press, 2008.

四、外文参考论文

1. John Keane. Structural Transformations of the Public Sphere. in M. Anderson, ed. , Media and Democracy. Oslo：University of Oslo Press. 1996.

2. Nancy Fraser. Rethinking the Public Sphere：a contribution to the critique of actually existing democracy, Social Text, 1990, 25/26.